JN105019

減量の経済学

やらなくてよい仕事はするな

Ryuho Okawa
大川隆法

まえがき

とにかく痛快《つうかい》な本であろう。政治家の虚飾《きょしょく》やマスコミの虚栄心《きょえいしん》、釣り堀《ぼり》の魚のようになった国民の民主主義の底の浅さをバシバシと斬《き》っている。

岸田首相は「新しい資本主義」を考え出すのだそうだが、ぜひ全国民に本書をご一読して頂きたい。

マスコミも政治家も「新自由主義」の失敗を言い立てて、「新福祉主義《しんふくししゅぎ》」という名の新しい社会主義へとなだれをうっている。

しかし、「アベノミクス」の失敗は、新自由主義の失敗ではない。二回も消費増税をして、経済成長をつぶしたのは安倍氏自身である。

千二百兆円もの財政赤字があって、まだバラまきを続けねば当選できぬ国である。それなのに、減税論者を経済学者に集めると、新設大学は認可しない国でもある。

「森カケ問題」を長くもり返して、国有財産の処分をストップさせているのはマスコミと野党である。

政府も減量《げんりょう》を始めたほうがよい。健康への第一歩である。

二〇二一年　十一月三十日

幸福《こうふく》の科学《かがく》グループ創始者兼総裁《そうししゃけんそうさい》　大川隆法《おおかわりゅうほう》

減量の経済学　目次

第1章　新しい資本主義の風景
――「課税と分配」が招く危機への警告――

二〇二一年十月十八日　説法《せっぽう》
幸福の科学 特別説法堂にて

第2章

天御祖神《あめのみおやがみ》の経済学

――神の心に適《かな》った経済と富の考え方――

二〇二一年十月二十七日　収録

東京都・幸福の科学総合本部にて

第3章　「減量の経済学」

――やらなくてよい仕事はするな――

二〇二一年十一月十日　説法
幸福の科学　特別説法堂にて

第1章

新しい資本主義の風景

――「課税と分配」が招く危機への警告――

二〇二一年十月十八日　説法《せっぽう》
幸福の科学 特別説法堂にて

1　岸田《きしだ》首相に覚えておいてほしいこと

「新しい資本主義の風景」を説くに当たって

本章は、「新しい資本主義の風景」という題で話をしようと思っておりますけれども、序論程度のものになるのではないかとは思っております。

というのも、「岸田《きしだ》新首相が、新しい資本主義とは何かを、これから人を集めて研究会をやって、考えてみたい」というようなことであるので、その研究会の結果を見ないと、本格的な批判あるいは論評ができないからです。時間がもうちょっとかかるでしょうから、言えません。だから、今のところの気配《けはい》をいろいろ感じつつ、時代の雰囲気《ふんいき》から、「新しい資本主義の風景」と称《しょう》して、若干《じゃっかん》、想像も含《ふく》めて感じ取っているところを述べておきたいと思います。

以前、『資本主義の未来』という本で、二〇一四年に大学用につくったテキストがあるのですが、珍《めずら》しく……、珍しくもないかどうか知りませんが、名著だという噂《うわさ》があることはあります。

このなかで、「アベノミクスに、私が言っていることをそうとう〝パクられた〟」という話をいっぱい書いてあるのですが、そういうこともあるから、ズバッと〝パクられない〟ような話をしなければいけないと思っています。

私にはここにもう一つ〝ハードル〟がありまして、「内容をそのまま採用すると彼らにとっては困るようなことを、やはり言わなければいけない」という難しさがあります。〝そのまま横で使われたら困る〟と――アベノミクスもそっくりそのまま使われて、二年も、「アベノミクス」と言い続けられると、〝安倍《あべ》さんの政策〟になってしまったのです。

ただ、私は一点だけ、「消費税上げだけは、やっては駄目《だめ》だ。それはやったら必

『資本主義の未来』(幸福の科学出版刊)

ず失敗する」と言っていたのですが、（安倍さんは）やってしまって失敗しました。結果は、「三十年間変わらず」というような感じに、今なっている状態です。

現在、選挙期間中に入りましたので、岸田さんがその後どうなるかはまだ分からない状況《じょうきょう》です。どなたが新しい総理になるかも分からず、あるいは、野党も今、統一候補を組んでやっておりますので、自民党はそうとう議席を減らすということを週刊誌等でもだいぶ言っていますから、保守分裂《ぶんれつ》を加速させれば野党の政権ということだって可能なのかもしれないとは思います（説法《せっぽう》時点）。

二〇〇九年には、こういうときに幸福実現党を立党し、民主党政権をつくるのに〝寄与《きよ》〟してしまったため、今回は若干自粛《じしゅく》しようと思っております。

小池《こいけ》東京都知事も、ファーストの会を国政に出すつもりでいたらしいけれども、「出さない」というようなことを言っています。出たら野党政権になる可能性が高いということで、自民党からたぶんお願いされているのだろうと思います。国政に出ないようですが、幸福実現党も出ると、自民党の岸田さんの政権は本当に一カ月ぐらいで終わりになる可能性があるのです。

今回は、私どもも映画（「宇宙の法―エローヒム編―」〔製作総指揮・原作　大川隆法、二〇二一年十月公開〕）をやっていて、今忙《いそが》しいこともあります。また、枝《えだ》野《の》さんを首相にする気もあまり起きないし、とりあえず首相は何回もこれから交替《こうたい》して出てくるし、チャンスの衆議院選は何回もあると思うのです。毎回出ていたらお金が足りませんので、いい時期が来ましたら、考えてみたいと思っております。

とりあえず、結果的にはやや自民党を利することになるかもしれません。政策をまったく応援《おうえん》しているというわけではないのですが、野党のだけでやられたら、本当にもっとすごい国難になる可能性もあると考えます。事実上、共産党の意向を汲《く》んだ考え方になりますので、そこまで行ってもらったら困るなということです。

自民党系も、だいたいそちらのほうに寄っていってはいるのですけれども、若干時差があって〝遅《おく》れることは遅れる〟ので、その分だけでもましかなと思っています。

ただ、岸田さんは、〝口の人〟ではなくて、〝耳の人〟、〝聞く人〟だということなので、どこかから参考にしてくれることもあるかもしれないと思います。

ちなみに、幸福の科学の幹部の一人が、たぶん広報局にいたときだと思いますが、岸田さんに会いに行ったそうですけれども、本当に何もしゃべらずにずっと聞いていたという話です。ニコニコしながら聞いているだけだったと。覚えているかどうかは知りませんが、聞いていたとのことでありますので、「聞く人」ではあるのでしょう。ただ、右から左へということもあるので、分かりませんが。

岸田首相の「新しい資本主義」とヒトラーの政策の共通点

いっぱい話すと、聴《き》いても覚えられなくなるだろうから、いちばん最初に一言《ひとこと》だけ、岸田首相に覚えておいてほしいと思うことを言っておきます。あとは、いっぱい話しますけれども、たぶん聴いても忘れるだろうから、最初に一言言っておきます。

今、岸田首相が「新しい資本主義を模索《もさく》して、研究して、立てたい」とおっしゃって、新しい政治運営に入っていらっしゃいますけれども、メインの主張は要約すれば、「中流階級というか、中産階級を厚くする。上を小さく、下も小さくして持ち上げて、中流階級を厚くする」ということです。

メインの考え方はそういうことだし、「それをするためには、経済成長とバラマキと……」、ああ、〝バラマキ〟ではないです、〝バラマキ〟と言ってはいけない、再配分です。「税金の再配分との両方が必要だ。野党のほうになると、成長よりも、とにかく再配分、バラマキのほうを優先する」と、だいたいは、簡単に言えば、そういうことを言っていると思うのです。

この「中流層あるいは中産階級の層を厚くする」と言ったことで、私が記憶《きおく》にはっきり覚えているのは、「これはヒトラーのメイン政策だった」ということです。ヒトラーはこれで政権を取り、九十何パーセントもの支持を取って、そして、ああいう世界大戦に突入《とつにゅう》していくきっかけになったのです。ヒトラーを支持していた層は、大金持ち層ではなく、また貧困《ひんこん》層でもなかった。「中流層」と自分たちが思っている人たちが、ヒトラーの支持層であったわけです。

どちらかというと、一人で農業をやっているとか、一人でどこかの鉱山で働いているとか、一人で機械の職人として働いているとかいうような人たちではなくて、そういう人たちを何人かとか、十人とか使っているような、中小企業《きぎょう》の社長のようなあたりです。彼はこのへんの中産階級をメインターゲットにして、そこがいちばん喜ぶような政策を立てて、やって、第一党になり、二十年でドイツの栄光を取り戻《もど》して、他国侵略《しんりゃく》に突入していったという歴史があります。まあ、他国侵略までの意欲が岸田さんにあるとは思っていないので、そこまで言う気はありません。

ただ、「新しい資本主義」というのは、結論的に、今、「中間層を増やす」と言っている以上、そういう結果になるような政策でつくるしかないのだろうと思うので、「それはヒトラーがやろうとしたことですよ」ということを、まず最初に言っておきたい。

これを忘れられると困るのです。歴史は、勉強しなければいけないものです。野球をやっていても、ちゃんと勉強しなければ駄目なのです。そういうことを知っておいたほうがいいのです。

「独裁資本主義」という新しい資本主義を提唱している習近平《しゅうきんぺい》

そして、今、新しい資本主義を提唱している人はほかにもいます。それは中国の習近平《しゅうきんぺい》という人なのです。

表看板は「共産主義」「共産党の一党独裁」ということになっていますが、やっていることは共産党とは全然違《ちが》います。共産党というのは、「万国《ばんこく》のプロレタリアート、労働者階級は平等で、大金持ちから金を全部ふんだくって、撒《ま》いて、平等にする」という考え方であり、「そうした労働者階級が政治をする」という考え方です。

中国は、労働者階級は政治をしておりません。やっているのは、共産党員というエリート層がやっております。

そして今、習近平が言っていることは、「共同富裕《ふゆう》」「みんなで豊かになろう」というようなことで、結論的に言えば、「その下の中産階級、中流階級を厚くする」ということを言っている。「上からは金を取り、貧乏人《びんぼうにん》は少なくして、中産階級を厚くする」ということを、彼も言っています。

そして英字紙を読むと――『黒帯英語』(宗教法人幸福の科学刊)をつくっているので英字紙の切り抜《ぬ》きをやっているのですが、来年、たぶん一年近くあとに出る本になりますけれども、そのうち出てきますから読んでくだされば分かりますが――英字新聞の記者はこれを「独裁資本主義」と呼んでおります。

だから、新しい資本主義なのです。

習近平の資本主義は、新しい資本主義なのです。独裁資本主義というカテゴリーが出てきたのです。〝素晴《すば》らしい、新しい言葉〟が出てきたのです。もう〝すごい〟です。なるほど、独裁資本主義というものがあるわけです。いや、これは半面ぐらいは、やはり極端な新しい資本主義の特徴《とくちょう》を突《つ》いているものなのです。

2　マルクスが見落とした「生産性の向上」

資本主義の考え方、そしてマルクスの考え方とは

資本主義というのは、基本に、「資本は集中しないとその効果を発揮しない」というか、「効力を発揮しない」という考え方があります。

バラバラに小さなお金を持っていても、何もできないでしょう？　個人個人が、タンス預金とか、へそくりとかを持っていても何もできないけれども、みんなのお金を集めてファンドみたいなもの、大きな資本をつくると、それで事業ができるようになるでしょう？

事業ができると、どうでしょう。個人個人がバラバラに働いていたやり方は、「一足す一は二、一足す一足す一は三」という感じで、一個ずつ増えていく足し算

だったのが、お金を集めて集中投下すれば、例えば、土地を買ったり工場を建てたりもできるし、人も雇《やと》って、他の個人でやっているところに比べればより効果的な仕事ができます。また、仕入れも大量にできるので安く仕入れ、そして効率よく機械を入れてつくったものは、廉価《れんか》で良質なものが大量にできます。さらに大きな会社になれば、貿易までできるようになり、中間の問屋みたいなところを飛び越《こ》して、やれるようになっていきます。

そういうことで、「大きな資本は、さらに大きな富を生む」という考え方があるわけです。これが、近代、ここ二、三世紀で特に見えてきた考え方の一つです。

ところで、マルクスは『資本論』を書いているから、「彼は資本主義者か」と思うかもしれないけれども、そうではなくて、共産主義者なのです。彼の考え方の基《き》礎《そ》にあるのは何かというと、私も「一日は二十四時間、誰《だれ》もが平等に持っている」ということはよく言っているのですが、発想は同じなのですけれども、「みんな二十四時間を持っていて、その一時間当たりの価値は同じだ」と彼は言っているわけです。

『共産党宣言』が出されたのは一八四八年ですけれども、彼の時代、頭にあったものは、基本的に、鉱山で坑道《こうどう》を掘《ほ》ってレールを敷《し》き、トロッコで行って地下に潜《もぐ》り、金属、貴金属とかを掘り出したりする、あるいは石炭を掘り出したりする、そういう鉱山労働だと思われるのですが、「誰がやったって、一時間当たりの労働量に比した成果しかあがらない」という考え方があったわけです。

ですから、彼の根本的な間違《まちが》いは、「生産性の向上ということを見落とした」ということです。一人当たりがみんな同じだけの働きをするのは、単純労働でしかありえないということです。

ただ、単純労働でも、腕力《わんりょく》の差によって差は出るものですから、力の強い人が土方仕事をするのと、もやしっ子みたいな人が土方仕事をするのとでは、結果に差が出るでしょう。これは、何倍か出る可能性はあるとは思いますが、均《なら》せば、そこそこ似たような感じになるということは言えるかもしれません。だから、肉体労働においては、何倍かの働きをする可能性はないとは言えないけれども、均していけば均していける。

しかし、知的な仕事になってきますと、生産量が同じかどうか、あるいは付加価値が一緒《いっしょ》かどうかというと、それは一緒ではないわけです。

司馬遼太郎《しばりょうたろう》などの作家に見る「生産性の差」

司馬遼太郎《しばりょうたろう》のような小説だったら、新聞連載《れんさい》をしているときには、〝原稿《げんこう》用紙一枚幾《いく》ら〟というのでたぶん約束して書いているだろうから、それについては、ほかの作家との人気度によって〝一枚幾ら〟が変わっているとは思いますが、連載中は、だいたい労働価値説に近いような、「毎日書かないと、幾ら入ってこない」という計算は立っただろうと思います。

また、夏目漱石《なつめそうせき》は、「小説というのは、牛のよだれみたいにタラタラタラタラと長く書かないと、要するに食っていけない」ということをしきりに言っていて、私もこれが印象に残ってしょうがないのです。弟子《でし》で、〝東大学派〟の漱石山脈につながる芥川龍之介《あくたがわりゅうのすけ》に、「おまえは短いものばかり書いている。すごく切れ味のある、言葉を選んだ短いものばかり書いているが、食っていけないぞ、それじゃあ。食っていこうと思ったら、牛のよだれと思うて、タラタラタラタラというようなものを書け。そうしたら食っていける」と。

なるほど、芥川龍之介がこれを理解できたのか、できなかったのかは、私にはよく分からないのですが、彼の生涯《しょうがい》では、鋭《するど》い短編を書いています。

あるいは、中島敦《なかじまあつし》のような人でも短いものしか書いていません。短編が光っているのですが、そういう短編の名手というのは、長編を構想してダラダラと書くのがなかなか苦手《にがて》なものであり、そうした緊張《きんちょう》した状態を持続するのがなかなか難しいのです。気分が乗ったときに一気に書いてしまいたいからです。

漱石も、若いころは、そういうこともあったのです。『坊《ぼ》っちゃん』だとか『草《くさ》枕《まくら》』だとかはものすごく短時間で書き上げていますけれども、これでは食べていけないことがやがて分かってき始めたので、「ダラダラと新聞に連載しながら、それを本にしてまた食べていく」という方式を考えついたようです。私も身に沁《し》みて感じるものがあるのですが。

そうした漱石とか――漱石はもう最近は少ないかもしれませんが――司馬遼太郎みたいな作品は、生きていたときに新聞に連載して稼《かせ》ぎ、本になってミリオンセラーになって稼ぎ、さらに死んでから後《のち》も映画に何回もなっています。

例えば、今、映画「宇宙の法―エローヒム編―」をやっていますが、一週間遅《おく》れで、某《ぼう》氏の過去世《かこぜ》ともいわれている（人物が主人公の）「燃えよ剣《けん》」がリメイクされて、またかけられています。（映画化等は）三回目か四回目だと思うのですが、ヒットするのはもう確実だと思われます。

死んでまだ、今現在、生きている人たちを稼がせて食わせることができるというのは、大したものです。そういうふうに、「死んでから後も、（作品が）映画になってまだ大勢の人を食べさせる。何百人もの人がそれに携《たずさ》わって食べていけて、またそれを配給したところも食べていける」というようなことになりますと、そうならない人と、付加価値にそうとう差があるということでしょう。

どのくらいの差があるかはちょっと計算はしがたいものがありますけれども、そうとうなものだと思います。本当に、一回こっきり書いて、その原稿料をもらって終わりの人に比べれば、その差はそうとうなものだと思います。何百倍以上になるのではないでしょうか。それだけの生産性の向上があるわけです。

なぜそんなに生産性が高いかというと、「それは、よく売れる本を書けるから」ではありますけれども、よく売れる本を書くと、印税がいっぱい入ってきて収入が増えますので、そのまま持っていたら税務署ががっさり持っていきます。

昔の税率は今よりずっと高くて、九割ぐらい取られていたこともあるので、当時は、作家とかは合法的に一律三十五パーセントぐらい経費控除《こうじょ》をしてもらえていました。

「やはり、銀座《ぎんざ》で同業者と会って飲み食いするのだって、文学の参考になるでしょう」ということで、すごく親切です。「文学の参考になるでしょう。旅行するのも全部そうだろうし、本代もかかるし、ザッと、ザルッと概算《がいさん》経費で三十五パーセントぐらいは認めましょう」とずっと来ていたのですが、ちょうど私がベストセラーを書くころあたりから税務署の態度が変わり、いったん三十五パーセントから二十パーセントぐらいになって、そのあとは、「やはり実費でレシートを出さないと、経費として認めない」というふうになってきました。

そこで、「そんなのいちいち全部取れませんよ」と申し上げたら、「ほかの作家さんもみんなそう言っているんですけど、しょうがないです」と言われて、ずいぶん（税金を）取られたのです。その後、全体の税率は下がっていきました。

こういうふうに、生産性に差があるわけです。

松下幸之助《まつしたこうのすけ》と一工員を同じように扱《あつか》ったら、どうなるか

松下幸之助《まつしたこうのすけ》さんみたいな人は、工場を三人で始めて、二十万人、三十万人の会社

をつくりました。本当で言えば、ものすごい収入を得なければいけないことになるわけだけれども、給料でもらうと、当時、税金を九十パーセント取られていたので、いつものものすごい税金、十億円近くを払《はら》っていたと思います。本当はもうちょっと（給料で）もらっていいのだろうけれども、「税金だけだからバカバカしい」ということで、株でもらうわけです。株で持っていて、ああいう人で死んだときに、株を遺産として考えると、三千何百億円か個人資産は持っていたというふうにはいわれています。

こういうふうに、当時、松下の工員として働いていれば、まだ月給十万円にも行っていなかったころだと思うのですけれども、そんなに資本家との間の差は出てくるわけです。

そして、マルクスの言っていることは、これを一緒にして、「松下幸之助と新規で雇われた一工員も同じように扱《あつか》え」というふうに聞こえるわけです。そうすると、資本家階級なるものは基本的には潰《つぶ》れて、なくなっていくことになるわけなのです。

「みんながやる仕事は一緒だ」というのは、働きアリの仕事のような感じでしょうか。そういうふうに社会を見ていて、「女王アリみたいなのは要《い》らない」というふうに考えるわけです。しかし、女王アリは、おいしいものを食べてはいるけれども、実は子孫《しそん》をいっぱい産むという仕事を持っているわけなので、「このへんがどういうふうに評価されるか」ということです。

ハチでいくと、同じハチなのだけれども、ロイヤルゼリーを食べたものだけが女王バチになるらしくて、それで卵をいっぱい産むということです。たまたま複数の女王バチが生まれたときには、ちゃんと分派、セクトが分かれて、別のハチ集団になるとのことであるのです。

ロイヤルゼリーは、私たちが飲んでも別に体は大きくもならないのですが、なぜハチだけに効くのか、ちょっといまだに分からないのです。あれを飲んだら、急に頭がよくなるとか、四十キロを楽に走れたとかいうのなら、ちょっといいなと思うのですが、ハチには効いて人間にはそう大して効かないので、何かに効いていると言われたら、「そうかな」と思う程度です。

まあ、こうした生産性の向上や飛躍《ひやく》ということを、マルクスは見落としたということです。

一千万円ぐらい使って小説の資料を集めていた司馬遼太郎

先ほどの司馬遼太郎で言えば、印税に対してどうしていたでしょうか。印税というのは「税」と書きますが、本当は作家の「収入」です。それを経費として使えるということで、古本屋から本をいっぱい集めてこられるわけです。

ですから、彼は大阪《おおさか》に住んでいましたけれども、よく使っている古本屋に、「次は坂本龍馬《さかもとりょうま》について書くから、坂本龍馬と名が付いている本は全部集めてくれ」というような感じの電話を一本入れると、神田《かんだ》の古本屋がいっぱい電話をかけて、坂本龍馬に関する本を全部集めてきました。別に、自分が持っているものとダブっても構わないのです。

それで、トラックで大阪まで坂本龍馬関係の本がいっぱいパーッと着くわけです。それを積み上げておいて、『竜馬《りょうま》がゆく』を書いている間中は、その資料はあります。『竜馬がゆく』を書き終えたら、『竜馬がゆく』の本のなかに――例えば八巻本（文庫本）、あるいは、厚いもの（単行本）は五巻本ですけれども――自分の使った資料の内容は全部載《の》っているから、もうそれは要らないということです。

それを家に置けないようでしたから、家がそんなに大きくはなかったのでしょう。三万冊ぐらいしか置けなかったようなので、「そういうものは全部売り払ってしまう」と言っていました。

また次に、例えば「土方歳三《ひじかたとしぞう》！」と言ったら、土方歳三の本ばかり、やはり集めるということです。

そういう感じで何千万円かの印税収入が見込《みこ》めると、最初から一千万円ぐらいパンッと資料として本を買うことができます。そういうことは、やっていたわけです。

そうすると、当時で昭和四十年代ぐらい、あるいは一九七〇年代ぐらいでしょうから、高度成長期に入っていたとはいえ、「学者で一千万円も、坂本龍馬に関する本だけを集められるか」といったら、これは無理な話でした。

私は、昭和五十年代ぐらいに学生だったのですけれども、だいたい、教授の研究費用は、まあ月三十万円ぐらいだったと思うのです。三十万円で買える本ということで、それでいろいろな種類の本を買わなければいけなかったと思います。三十万円ぐらいだったと思います。

研究室自体は三十畳《じょう》ぐらいだったのです。教授の研究室で三十畳ぐらいだったので、ザッと見て、置けている本は、私が目視して数えた感じでは、どう見ても三、四千冊ぐらいしかないようには見えました。洋書等もあるから、ちょっと高いのかもしれませんけれども、だいたいそのくらいで、これだったら、流行作家にもう勝てるはずがないというか、ベストセラー作家にまず勝てる見込みはないでしょう。

ですから、「資料に一千万円使える人」と（違って教授等が）、歴史で、もし日本史を専攻《せんこう》していたとしても、坂本龍馬などはその一部ですから、それだけに買えるものはもう限られています。だから、これはもう圧倒的《あっとう》に、いわゆる「資本家的な者」が作家で出てくるわけですから、勝てるわけがないのです。

小図書館ほどの資料を集めたトルストイ、お金がなかったマルクス

これと同じことは、ロシア、旧ソ連のトルストイがやっています。『戦争と平和』でナポレオン戦争を書くのに、その資料として、要するに小図書館を一個建てるほど、ナポレオン戦争の資料を集めたといいます。

その時代にそれだけ（資料が）あったというのも、若干《じゃっかん》信じられないぐらいです。そんなに本があったのだろうかと思いますが、ナポレオン戦争自体は一八〇〇年代の前半ですから、そのころの資料が一八〇〇年代後半に入ったころに、小図書館一個分ぐらいあったというわけです。ですから、それだけの本を集めて、『戦争と平和』は書かれているわけです。

だから、みんな読むのはウンウン言っています。なかなか、持っているだけで読

めないし、一生のうちで読めるのは、よほどチャンスのときしかなかなか読めないのです。

例えば、会社が潰れて失業して、次の職を探すまでしばらくブラブラしているとか、定年退職してブラブラしているとか、リッチな社長階層に入って、一カ月間、もう夏休みでクルーズして遊べるということで、「しかたがないので『戦争と平和』でも読むか」というぐらいだったら読めます。

また、「大病して、もう病院で、体は何とか本は読める状態だけど、動けない」、そういうときにはロシア小説を読むのに限ります。時間がかかるからです。読んでも読んでも分からないし、時間をかけて読まないと分からないので、そんなときに読めるということですが、資料がそれだけある、小図書館一個分ぐらいの資料があって書いていているとなれば、それは難しくもなるでしょう。

そういうことですが、実は、『資本論』を書いた、あるいは『共産党宣言』のマルクス自体は、金がなくてピーピー言っていました。ドイツの「ライン新聞」というのを出していて編集長をやっていたのですが、倒産したのです。

ただ、エンゲルスとかが助けてはくれたのです。『資本論』自体も、生前は全三巻、当時の三巻本の一巻だけしか出せなかったというか、あとはエンゲルスに、死後に出してもらっているものです。

お金がない、とにかくお金がなくて、ピーピーピーピーいつも言っていて、『資本論』を書くのも、ほとんど、イギリスで大英図書館に通《かよ》って、大英図書館の資料を使って書いたということで、個人的な資本がなかったということです。それで、通って書いたらしいのです。ただ、それ自体を称賛《しょうさん》する人は、けっこういることはいるのです。

ということで、そうした「知識の集積による飛躍的な付加価値の向上」のようなものも、やはり分からなかったということがあるし、「機械の進化」ということも分からなかったところはあると思います。

このへんのところが抜《ぬ》けているわけで、これは現代社会を見る上ではとても大事なことなのです。要するに、「持ち時間はみんな一緒で二十四時間だけれども、これをどういうふうな使い方をして、結果を違うように変えていくか」というところで競争が行われているわけです。

3　「中間層だけ厚くする」という考え方がもたらすもの

「資本論」のもとは、先ほど言いましたように、一人ひとりがバラバラのことをやっていたら大きくならないけれども、資本を集中することによって、大きな事業をやって、大きな利益を生んで、さらに、それを再投資することで、もっともっと大きくなって大会社ができてきた、こういうふうな流れのことを言います。基本的に、「資本論」というのは、そういうことを言うのです。

ですから、「大金持ちや資本家を潰《つぶ》して中産階級にする。そして、補助金を撒《ま》いて下層階級をなくして、中間層だけを厚くする」という考え方は、基本的には資本主義には反していることであるので、失敗する運命にはあるということです。ちょっと〝不幸の予言〟でまことに申し訳ないが、失敗はします。

ただ、失敗はするけれども、それをどう言い逃《のが》れするかということが政治家の力量なので、何とでも言葉を換《か》えて言い逃れることは可能ではあろうとは思うのです。

例えば、コロナのワクチンを打っても、普通《ふつう》、ワクチンを打って、そして、悪いことが起きる場合は「副作用」と呼ぶはずなのですが、コロナに関しては「副反応」と、もう統一して言っている。「副反応」と言うと、何かそんなに悪くないような気もします。あれは「副作用」と、みんなが統一して使ったら、もっと恐怖心《きょうふしん》が広がって打つ人がいなくなるので、「副反応」という言葉を使っていました。

ですから、それにちょっと批判的な人だけは「副作用」という言葉を一部使いましたが、テレビとか新聞は「副反応」と使う。「副反応」でよければ「副反応」という、上手な使い分けをします。ああいうところはすごいです。

「自由民主党」というけれども、「自由」でも「民主」でもないのです。現実はそうではありません。彼らは、やはり社会主義政党です。やっていることは逆で、社会主義政党です。現代では「社会主義」という言葉は流行《はや》らないから、あまり使わないのです。

社会主義というのは何かというと、要するに、課税とその分配をします。「課税と分配」を考える政党のことが社会主義政党なのです。別な言葉で言うと、彼らがつくる経済は「統制経済」ということになります。

まあ、ちょっと、「統制経済というのは何だ」と、「もう古くて分からん」と言われるかもしれないけれども、そんなことはありません。今年（二〇二一年）、もう経験しました。去年も経験したでしょう。「営業しては相成《あいな》らん」というのも出たでしょう。あるいは、「面積が一千平方メートル以上ある店舗《てんぽ》は、みな店を閉めろ」とか言ったでしょう。これは統制経済です。間違《まちが》いなく統制経済なのです。こういうのが、実に社会主義と相性《あいしょう》がいいのです。このコロナのおかげで、政権のほうは、統制経済の味をまた覚えてしまいました。

その前は、安倍《あべ》政権のときに、北朝鮮《きたちょうせん》がミサイルを撃《う》つたびに、サイレンが鳴って、「みんな地下に隠《かく》れましょう」というようなことをやっていましたが、これも戦時訓練みたいなものをやっていたように感じます。どうも、安倍・菅《すが》政権のときは、「統制経済みたいなものが好きなんだな」という感じでした。

そして、「インフレ率は何パーセントが目標」とか、「株価は幾《いく》らが目標」とか、「最低賃金は、一時間当たり幾ら以上にする」とか、これはみんなマルクスが言っているようなことばかりです。

こうしたことを何かやりたがるのですが、〝勉強していないということはいいこと〟です。勉強していない人は自由なのです。もう本当に自由にやれて、「勉強すると自由なことが言えなくなる」らしいので、〝勉強しないことはいいこと〟です。もう何とでも言えるのです。「それはマルクスが言っているのですけれども」というようなことで、それが分からないということは、共産党も読んでいないということです。共産党で、マルクス主義の文献《ぶんけん》をきっちりと読んでいる人は、もうほとんど今いないはずなのです。とにかく、「政府の反対をしていれば共産主義」というふうに思っているようではあります。

4　独裁型資本主義・中国をめぐる世界の動き

「独裁型資本主義」の中国が「民主主義国家」よりも有利な理由

今、「新しい資本主義」が中国によってつくられつつあります。なぜなら、国民のうちの何億人かは、月収二万円ぐらいで暮らしているのです。そして、ご飯《はん》が食べられないという人たちも何億人単位で本当に現実に存在するのです。

そんななかで第二宇宙ステーションを打ち上げることができましたし、最近の発表によれば、今年の八月ごろ、アメリカとかヨーロッパに対抗《たいこう》するためでしょうけれども、「マッハ五の速度で飛ぶ周回ミサイルで、地球の周りをグルッと回ってから目標に当てるようなミサイルの実験に成功した」ということを言っています。

ただ、目標には当たらなかったそうですけれども、誤差三十キロメートルぐらいのところにいちおう到達《とうたつ》したということです。

誤差三十キロだったら、核《かく》ミサイルであれば、そうとうの被害《ひがい》はやはり出るだろうなとは思います。誤差が三十キロぐらいあるのであれば、何発か撃《う》てばいいわけです。そして、これは「迎撃《げいげき》できない」と言われています。

そして、第二宇宙ステーションも先日打ち上げましたけれども、一個あるのに二個目を上げたので、これは私などは、もう「搭乗員《とうじょういん》、乗組員は攻撃《こうげき》要員かな」と、すぐに思ってしまいます。「宇宙から、今度は、真下に攻撃するのか」と、ちょっと考えてしまうのですけれども、そういうことも起きるでしょう。

そういうことになって真上から撃ち込《こ》まれると、本当に迎撃はほぼ不可能かと思います。地球の上をグルグル回っていて、ちょうど真上に来たときに撃たれたら、ほぼ迎撃は不能かと思われます。

このときの速度はマッハ二〇ぐらいになりますから、まず迎撃不能です。ですから、日本がやっているミサイル防衛も、ほぼもう無効化しているし、アメリカのミサイル防衛も、もうほぼ無効化しつつあります。

北朝鮮《きたちょうせん》も一部、そういう、波形《なみがた》に低い高度で飛んでくるミサイルを開発していますので、これは「日本のＰＡＣ《パック》－３《スリー》で、もう撃ち落とせない」と言われています。どんどん、世間《せけん》は進んできています。

ですから、まさしく、これこそ「独裁型資本主義」だと思います。

資本を集中して「先軍政治」という毛沢東《もうたくとう》の思想にかこつけて、軍事優先ということに、そこに集中特化したら、どんどんどんどん開発できて、どう見ても、国会であんなふうに議論して、野党にいっぱい批判されて、マスコミに悪口を書かれながらやるのと比べれば有利です。どんどんスピードが速くなって、敵より先に開発ができてしまいます。民主主義国家は会議に時間がかかって、どうしても後《おく》れを取ってしまいます。かなり厳しいです。

軍事における「基本的なものの考え」とは

そういうことも気になったし、二、三年前ぐらいに、ヒットはしなかったのですけれども、日本アカデミー賞を取った「新聞記者」という映画があったので、それがちょっと気になって、何日か前にもう一回、観直《みなお》してみました。

劇場での興行収入は四億円ぐらいですので、うちの映画より大きいとは言えません。もうちょっと下です。劇場での興行収入は四億円で、日本アカデミー賞を取っています。

そして、そのあと、凱旋《がいせん》上映とかその他があって、二億円ぐらい（の収入増）で、六億円ぐらいまでは行っていると思うのですが、やはり、「政府を批判する。新聞記者が政府の秘密を暴露《ばくろ》する」と、そして、「一面に載《の》せて追及《ついきゅう》する」というものです。「内閣情報調査室と新聞記者のところで連絡《れんらく》があって、それで、その情報を仕入れてスクープして」というような感じの小説です。

それで、これを演《や》ったら政府攻撃になるから、もう干される恐《おそ》れがあるということで辞退者が相次いで、松坂桃李《まつざかとおり》さんが主演を引き受けたというので株は上がったことは上がったのですが、干される可能性が十分にある内容だったのです。松坂桃李さん（の役）は内閣情報調査室勤務です。

あとは、女優のほうは、これはジャーナリストということで、東京新聞の望月衣《もちづきい》塑子《そこ》氏がはっきりとモデルになっているのです。菅官房長官《すがかんぼうちょうかん》のときに質問して困らせた方です。これがモデルになっていますので、これを演りたい人が、女優で誰《だれ》も出てこなかったのです。出たら、あとはやられる可能性があるからです。

ということで、韓国人《かんこくじん》が出てきて、韓国女優が出てきて、演っていました。演技は下手《へた》でしたけれども、賞はもらったと思います。

結局、最終結論は何かというと、「『政府が』というか、首相のお友達に便宜《べんぎ》を図《はか》って土地を充《あ》てて、大学をつくるのだけれども、そこでやろうとしているのは、『大学教育』と称《しょう》して軍事目的の研究をやろうとしている」ということです。特に、

「バイオ、生物兵器の研究を大学で、新しい大学を認可して、やろうとしている」ということが、最後は一面スクープになっているのです。

しかし、「生物兵器を研究する」というのは、まさしく、それはそのときにやっておけばよかったのです。なぜなら、日本がやられたのですから。その生物兵器でやられたのは、日本のほうだと私は思うのです。

この「新聞記者」は、アカデミー賞は取っているけれども、「反政府系」といえばそのとおりです。「そういうことを大学でやったらいけない」と、「日本国憲法に反する」と思ったのでしょうけれども、特にそういう条項《じょうこう》はないのです。

「学問の自由」はあるし、憲法九条も「一切《いっさい》の戦争を放棄《ほうき》する」とは言っているけれども、「自衛を放棄する」とは言っていないので、これは改憲対象にはなっているわけです。ですから、それが自衛として必要な場合があるのなら、大学で研究してもいいわけです。

これについて、「日本の国立大学では軍事研究はできないんですよ」と自民党に教えたのは私なのです。私が、「ああ、知らないんですか」と。知らなかったのです。自民党のほうは知らなかったのです。「えっ！　国立大学で軍事研究はできない？　そんなことは知らなかった」と言ったのは自民党のほうで、なんと、それを聞いて驚《おどろ》いて、「資料を送ってくれ」と言ったのは、例の元文科大臣の下村《しもむら》さんですけれども、送ってやりました。

私の本の「まえがき」に書いてあったものですが、知らなかったのです。文科大臣なのに、国立大学で軍事研究ができないことを知らなかったのです。

いろいろありまして、当会の大学を禁止してくれたり、いろいろなことをされるので分からない方ではあるのですけれども、政府のほうは知らなかった、大臣は知らなかったということです。「文科大臣は、国立大学で軍事研究はしてはいけないということを知らなかった」ということだけは、はっきりしているのです。

ですから、このころでしょうけれども、その分だけ、もう北朝鮮にも抜《ぬ》かれ、パキスタンにも抜かれ、インドにも抜かれ、まあ、中国には抜かれていますけれども、イスラエルにも抜かれ、どんどんどんどん、今は抜かれていっているところで、もうすぐ韓国や台湾《たいわん》にも抜かれるかもしれないとは思います。

それは、台湾だって、中国と対抗したかったら、もうそれは人口的に勝てるわけがありませんので、生き延びる方法はイスラエル化することでしょう。イスラエルは、人口は世界に散らばっているのを入れて一千五百万人ぐらいで、国内に住んでいるのは、八百万人かそのくらい、七、八百万人しか住んでいません。

その七、八百万人のイスラエルは、東京より小さいです。東京は一千四百万人いますから、東京より小さいイスラエルに、中東の諸国が四回、中東戦争をやって四戦全敗ですから、（イスラエルは）それほど強い武器を持っているし、「核兵器もたぶん持っている」と言われています。発表は公式にはしていないかもしれませんけれども、「持っている」と言われています。

ですから、台湾の人口は二千何百万人ありますから、それは、蔡英文《さいえいぶん》さんが最終的に「中国に呑《の》み込まれたくない」というのなら、核兵器を持つことでしょう。それができれば、護《まも》れるでしょう。今、同じぐらいの北京《ペキン》向けの長距離《ちょうきょり》ミサイルを開発していますけれども、それだけでは済まないでしょう。それは、そういう核兵器をつくって原子力潜水艦《せんすいかん》でも海に潜《もぐ》らせておけば、台湾、台北《タイペイ》攻撃をされても、海から反撃すればあちらもそうとうな被害が出ますから、抑止力《よくしりょく》になるでしょう。

このへんが軍事の基本的なものの考えです。

歴史の修正のために、アメリカにやってほしいこと

ところが、中国が「マッハ五の地球周遊をして相手を攻撃するような核ミサイルがもうできた」と言い、宇宙ステーションからも攻撃できる準備をやっているときに、日本の岸田《きしだ》首相は、「核兵器のない世界へ」と、オバマさんが言ったことを、もう何年遅《おく》れぐらいでしょうか、十年遅れぐらいかもしれませんが、今、本に出したりして書いていらっしゃるので、もう天に任せるしかないのだなと思いますけれども、この面についてはそうとう認識の遅れはあると思います。

ただ、運命は分かりませんから、この認識の遅れがいい方向に傾《かたむ》けばよろしいのですが、悪いほうに行く場合もあるかもしれません。そのへんは、これからの努力によるところではないかと思います。

オバマさんは「核兵器のない世界へ」でノーベル平和賞を取ったのはいいのですが、広島に来たときには岸田さんが外務大臣で随行《ずいこう》していましたけれども、残念なことに演説を聴《き》いたら、「空から死が降ってきた」というような演説をしているのです。詩的な表現でございますが、「死が降ってくるものか。落としたやつがいるだろうが」ということです。〝核兵器を落とした人〟がいるわけです。それについての反省は、オバマさんはしていません。何か死神でも降ってきたような言い方をなさっています。

だから、アメリカにやってほしいことは、「広島、長崎《ながさき》に原爆《げんばく》を落として、ごめんね」と謝《あやま》ってください。それならば、「核兵器がない世界へ」と言う資格があると思います。「ごめんね」と謝ってください。

そして、「中国を助けたおかげで、こんな悪い国ができてしまった。ごめんね」と日本に謝っていただきたい。「中国を助けなかったら、中国はもうちょっと平和な国になっていた可能性があるのに、日本軍を目茶苦茶《めちゃくちゃ》に潰《つぶ》して、原爆まで落として、再び立ち上がれなくして、その結果、中国がロシアの次の覇権《はけん》国家になって、アメリカはこれと戦わなければいけなくなってしまった。失敗しました」と正直に言ってください。

そうすると歴史はちゃんと修正されますから、これを言ってほしいなというふうに思っています。

5　今、起きている「軍事優先の政治との戦い」

習近平《しゅうきんぺい》の経済政策は成功するのか

それはそれとしまして、「習近平《しゅうきんぺい》の持っている『共同富裕《ふゆう》』という名のヒトラー主義、そして新しい独裁型資本主義は成功するかどうか」ということですが、結論から言うと、確実に失敗します。確実に失敗するのです。

あまり楽観的なことを言うと、ちょっと油断するからいけないとは思うけれども、確実に失敗すると見ているので、これについては、おそらく、今生きている人の大部分はそれを見ることはできるだろうと思います。

なぜ確実に失敗するかというと、なぜなら、飢《う》えている人がいっぱいいるからです。何億人もです。生産手段を持たない人がいっぱいいるのです。生産手段も持たず、売上も立てられず、利益も得られない人がたくさんたくさんいます。

中国のテレビでやっていた、皿にものすごくいっぱい積み上げて食べる大食い競争、大食いチャンピオンのようなものも、毎年やっていた人気番組だったけれども、それも今、放送禁止になっております。「あまり食べすぎるな」というのを一生懸《いっしょうけん》命《めい》キャンペーンしておりますので、内部事情がかなり見えてきています。要するに、食べ物が不足してきているのです。すごく不足してきているのです。食べ物が不足しているというのは、これは危機です。

また、中国の食べ物も、かなりの部分を貿易に寄りかかっています。

だから、国際関係がそうとう悪くなるということは、食べ物がなくてひもじいという環境《かんきょう》になります。例えば、軍事拡張をしたら、みんな経済制裁をしたり、輸出を禁止したりし始めますから、食べ物が自由にならなくなります。

それから、今、ガソリンが高騰《こうとう》したり、停電などが中国各地で起きたりしています。ガソリンや石炭等の値段が上がっていて、各地で停電が起きて、工場が動かなくなったり、民家が真っ暗になったりしていることが起きています。極《きわ》めて危ない状況《じょうきょう》です。

さらに、危機としては、中東方面での、彼らのあくどい金融《きんゆう》商法で、「お金を返せる当てがない人に貸し込《こ》んで、倒産《とうさん》したら全部、巻き上げる」という方法があります。

日本でもそういう詐欺《さぎ》的商法をいっぱいやっていますけれども、その金融商法で、中東からアフリカを取っていくつもりでやっていたのです。

しかし、中東での債権《さいけん》の焦《こ》げ付きがものすごい量になりそうなのです。これは〝中東の罠《わな》〟で、本当は彼らを罠にかけるつもりでやっているのに、逆に自分たちのほうが罠にかかってしまったのです。返す当てもないのに、「金を借りたい」と言えばどんどん貸してくれたので借りてしまって、（中国は）踏《ふ》み倒《たお》される恐《おそ》れが出てきております。そういう意味で、不良債権、対外不良債権が大量に出てきます。

今、中東のところが問題になっていますが、アフリカにもおそらく同じ問題があり、アジアにもいっぱい不良債権を持っていると思います。中国には統計局があって、数字はいくらでも嘘《うそ》を書けるので、最終的には蓋《ふた》を開けるまで、〝幕府倒産〟まで正確な数字は分からないと思いますが、そうとう出てきています。

国内でも、マンションなどをいっぱい建てて建ててして、経済成長率を七パーセントに保とうとしてやっていたのが、今、「全部ゴーストタウン化してきて、人が入れない」というようなことで、困ってきております。

だから、経済政策は裏目に出てきています。これは、習近平が経済を知らないからです。基本的に知らない。「経済」と「外交」を知らないのです。「経済」と「外交」を知らず、「秦《しん》の始皇帝《しこうてい》が、今、生まれ変わってやるようなこと」を、今、彼はやっているので、ここのところでは、つまずきは基本的には出てくると思います。

ただ、（中国は）軍事優先で全部やっているので、次なる問題としては、何とか、軍事のところで振《ふ》り回して、何かを吐《は》き出させようとすること、脅《おど》しをかけたりいろいろすることはあると思います。台湾《たいわん》にも脅しをかけておりますけれども、日本にも、やがてかけてくるだろうとは思います。

「ハバナ症候群《しょうこうぐん》」を起こしている国とその狙《ねら》いについて

もう一つ気になるのは、次のようなことです。

前回、「中国で炭疽菌《たんそきん》で死亡者が出たので、炭疽菌の開発をしているから気をつけたほうがいい」ということを（霊言《れいげん》で）言いました（『ヤイドロンの霊言「世界の崩壊《ほうかい》をくい止めるには」』参照）。

ウィルスは広がっていきますけれども、炭疽菌の場合はピンポイントなので、狙《ねら》ったところの人たちが死にます。広がるわけではありません。炭疽菌には、そういう特徴《とくちょう》がございますが、もう一つ出てきているのが、これも最近、出たばかりですけれども、「ハバナ症候群《しょうこうぐん》」というものが出てきております。

これはキューバのハバナにある米国大使館で最初に発見

『ヤイドロンの霊言「世界の崩壊をくい止めるには」』（幸福の科学出版刊）

されたもので、要するに、「大使館があるところでだけ謎《なぞ》の病気が発生する。世界各地のいろいろなところで発生している」というようなのが、今、出てきています。分からないのですが、「どうも、電波によるものではないか。何か一定の有害な周波数のものをかけることによって、それをピンポイントで大使館に当てることで、大使館の人がいろいろな病気を発症するらしい」ということが分かっているようです。これは大使館ばかり、いろいろな国で起きているようなのです。

これが意味するものは何かと考えると、「外交に不満がある者が原因行為《こうい》を起こしているのではないか」と思われます。場所から考えると、ケネディの時代のキューバ危機があったあたりですので、すぐにはロシアをいちばんに想定しますが、ロシア、中国、それからイスラムのテロリスト、だいたいこの三種類がいちおう想定されるところです。

アメリカの当局も、今これを一生懸命調べているところですから、分かりにくいのでしょう。「新しい攻撃《こうげき》方法」です。電波攻撃によって健康被害《ひがい》を出すというのは、すぐに分かることではありません。

ただ、大使館のなかの人しか発症しないというようなのだから、これは、どう見ても目的性がはっきりしすぎています。

外交に不満を持っているところというのは、だいたい、今、民主主義国家と称《しょう》する国たちに経済制裁を受けているところでしょう。そのあたりから発生していると思うので、直接やっているか、間接でやっているかは分かりませんが、何らかの方法で、それはやれるのではないかと思います。

コロナの原因が中国だと立証できないでいる残念さ

こういうことで、「実際、やられているのではないか」という恐怖《きょうふ》を抱《いだ》かせることを、いろいろなかたちで起こしているということです。

ですから、「軍事優先の政治が結局、世界を支配してしまうのか」、それとも「軍事優先の政治では、残念ながら、国は結局、滅《ほろ》びることになるのか」という、この戦いかなと思います。

この軍事優先を考える人がいるとすれば、中国の古典ばかり読んでいる人は、それは考えられるだろうなとは思います。中国の古典は、そうした戦争の歴史しかございません。いかにして戦争を狡猾《こうかつ》にやって生き残ったか、潰《つぶ》れたかということばかり書いてあります。

そういうことはちょっと思われますが、まだ特定できないところが怖《こわ》いところで、コロナも結局、特定できないので、残念すぎます。

日本では、まだ百七、八十万人の感染《かんせん》ですけれども、アメリカなどでは、もう四千五百万人も感染して、死者もそうとうな数まで行き、過去の戦争では出ていない数まで死者が出ておりますから（説法《せっぽう》時点）、地団駄《じだんだ》を踏んでいるでしょう。悔《くや》しかろうと思います。

「もし自然発生ならば、なぜ、アメリカばかりこんなに出るんだ」ということでしょう。もしそんなことだったとしたら、まあ、流行《はや》ったので、トランプさんも一部、責任を取らされたのだと思われますが、逆に、中国側から、「アメリカの研究施設《しせつ》から出たのではないか、アメリカ人がそれだけ被害を受けたのだから」というような言い返しもやられたりもしています。

ここのところについては、（中国に対する）訴訟《そしょう》などは起きているけれども、なかなか金を払《はら》うような国ではありませんので、損害賠償《そんがいばいしょう》の支払いは起きまいと思いますが。

日本だって、三十何兆円とかを、医療《いりょう》のための補助金などで撒《ま》いていますけれども、それは中国に請求《せいきゅう》していいのなら、その被害の分を請求すればいいので、アメリカも請求し、ヨーロッパも請求し、全世界から請求したら、この国はあっという間に潰れます。

これはちょっと仮想での話でございますが、（中国は）原因を特定させないように、あの手この手で言っています。「冷凍《れいとう》食品によって外国から入った」だとか、「アメリカの研究者が開発したものだ」とか、いろいろなことを言っていますが、世界が受けた被害を中国に全部請求したら、中国は国家破産するでしょう。

それを立証できないでいるところが残念なところで、信仰心《しんこうしん》が立っていれば、幸福の科学をもっと信じていただければ、そういうことも、可能性があったかもしれません。

6　資本主義の発展に必要な智慧《ちえ》

分配のみを考えている岸田《きしだ》首相からは「出ない言葉」とは

軍事と絡《から》めて、いろいろな話をしているのですが、結局のところ、「資本主義の未来」としてどういうことを考えておけばいいかということでございますけれども、日本では、自由主義は事実上〝死滅《しめつ》〟してきたのかなと思っています。

まだ、小泉《こいずみ》政権の五年間の間は新自由主義的な考え方でやっていると言われていて、わずかに経済成長しているような気分を味わえたのですけれども、そのあと、リーマン・ショックが来たあたりで、その新自由主義系の人たちは悪口しか言われなくなってきて、「貧富《ひんぷ》の差が開《ひら》いた」とか、そんなことを言われています。

結局、新自由主義のほうでは、「自由にやって、能力の高い人が大きな資本を使ったら、いくらでも金を儲《もう》けられる。そういう大金持ちができてきたら、トリクルダウンで、シャンパンタワーのように、上から注いだら、それがだんだんしたたり落ちて、下まで行き渡《わた》る。それで全体が豊かになるのだ」という考えですが、この反対に立つのが左翼《さよく》側のマスコミであるし、野党等はみんなそうです。

「それは嘘《うそ》だったということは、もう証明されたんだ」ということで、岸田《きしだ》さんなどは「成長と分配を同時にやる」と言っているけれども、「成長なんかより、分配のほうが先だ」ということを言っているわけです。こういうシャンパンタワーをやめて、全部、平《ひら》に置いて、同時にシャンパンをつぐということを言っておられるということです（選挙演説後半では「成長」の言葉が多くなったが）。

ただ、私は、この点に関しては習近平《しゅうきんぺい》のほうが正しいように思うのです。岸田さんと習近平は、「中間層を厚くする」と同じことを言っているし、新しい資本主義を目指しているところも一緒《いっしょ》なのですけれども、習近平は、「その代わり、みなさんは勤勉に働いてください」という言葉を付け加えています。「勤勉に働く」――

岸田さんからは、おそらくこの言葉は出ないのではないかと推定されます。「分配のみ」しかないのではないかと基本的には思われるので、この一言《ひとこと》が付け加わるか加わらないかは、ちょっと大きいかなと思うのです。

やはり、根本《こんぽん》はそこに来るのではないかと思います。

持ち時間は一緒ですけれども、それをより効果的な成果につなげるためには、勤勉な努力が必要なのは当然のことであるので、そのために智慧《ちえ》が必要になってくるということです。これを入れなければ、やはり資本主義の発展はないということです。

どのようなかたちで崩壊《ほうかい》が来るか分からない状態のEU

今、「大恐慌《だいきょうこう》」「the《ザ》 Great《グレート》 Depression《ディプレッション》」といえば、もう一九二九年の世界恐慌のことを言わなくて、二〇〇八年のリーマン・ショックのことを言う言葉になっていますが、このままでいけば、「リーマン・ショックで資本主義がもう終わった、あるいは資本主義および市場原理、市場経済は終わった」という言い方もありうるだろうと思います。

また、十六年にわたってドイツを引っ張ってきた、またＥＵの中心でもあったドイツのメルケル首相が財政均衡《きんこう》論者ではあり、「経費を削《けず》って、黒字体質、国家の体質を黒字にする」という考えであったので、ドイツは、要するに、そういう黒字体質化はしましたが、全体に経済的には発展ができず、また分配にあずかれず、負担が来るイギリスが、今、分離騒動《ぶんりそうどう》を起こしています。結局、ＥＵで二、三十カ国まとめても、ドイツ、イギリス、フランスの三カ国ぐらいが、先ほどのトリクルダウンではないけれども、儲けた金をほかの国にばら撒《ま》かなければ均等にはならないのです。

ＥＵだからといって、各国がみんな同じような所得水準にはなるはずがありませんし、また、何かの事業を始めるにしても、「どの国でやるべきか」ということになるから、これはもう争いが起きます。当然ながら、そういうことになります。

あるいは、電力をフランスに依存《いぞん》するドイツなどは、そのようにやっても、もし仲が悪くなったときは、非常に危険なことが起きる可能性はあります。

ということで、EUも、〝理性信仰《しんこう》〟というか、「メルケルの、もともと理系の理論物理学者の頭、共産圏《けん》であった東ドイツ出身の頭」でやっているので、このあと、どのようなかたちで崩壊《ほうかい》が来るかはちょっと分からない状態にはなっているのではないかと思います。

軍事的混乱に対して言うべきことを言い、やるべきことをやれ

そういうことで、（EUも）ちょっとそんなに、あまり当てにはならない状態ではあるのですが、もう一つは、アジアのほうでは「クアッド」というのも最近よく言っていますけれども、「四つ」ということです。日本とインドとオーストラリアとアメリカの「四カ国」が組んで、インド太平洋地域の安全を護《まも》るという、クアッドというやり方をつくろうということで話し合いをしておりますし、軍事演習等も

やっておりますけれども、これがどこまで機能するかの問題はあります。

もちろん、それは台湾《たいわん》危機がメインの課題だし、それ以外では、北朝鮮《きたちょうせん》とか韓国《かんこく》問題も入るかもしれませんけれども、そういうものがメインです。

ただ、例えば、インドはクアッドで、将来は中国のライバルになるのはもう確実なのですが、インドの最大の貿易相手国が中国になっていますので、それでインドの製品を中国に輸出できないとなると、かなり厳しくなってくる。日本も、貿易相手国としては中国やアメリカあたりが最大規模になりますので、日本もかなり厳しくなる。

さらに、アメリカは、トランプさんを退《しりぞ》けてバイデンさんにしたけれども、バイデンさんの歯切れの悪さと、バイデン政権になってからはもう各地で軍事政権がいっぱい立ち上がって、アフガンではあっという間に十日余りでタリバンに政権を取られたことで、アメリカのメンツは丸潰《まるつぶ》れです。また、その首謀者《しゅぼうしゃ》をピンポイントで殺したと発表したら、それは反対の、民間のお助けをするようなグループの人を、子供も含《ふく》めて十人殺してしまっていたということがばれて、赤《あか》っ恥《ぱじ》です。赤っ恥をかいていました。イランの司令官を殺すときにはできたのですけれども、赤っ恥をかいています。

これが、次、イラクの軍事占領《せんりょう》が今年（二〇二一年）に終わって年末に引き揚《あ》げるときに、同じことが起きるかどうか。

少なくとも（アメリカの）反対側の勢力は考えていると思うので、もうイランあたりから、そうとうちょっかいは出ていると思います。アメリカがイラクでもう一回赤恥《あかはじ》をかき、アフガニスタンと同じ状況《じょうきょう》が、つまり、米軍が撤退《てったい》してまた国が乱れて、「もうアメリカに入られたら、ろくなことがない」という感じが常識になっていくのを喜んでいる勢力はいっぱいあると思うのです。イスラム教の原理主義勢力その他もそうでしょうし、ロシアもそうだろうし、中国もたぶんそうですから、これはまだどうなるか分かりません。

インドも、中国に対して国境地点で用心はしていますけれども、まだ本格的な競争をやれるところまでは来てはいなくて、全体に後《おく》れているところがあるのです。

だから、この「軍事支配」が世界を恐怖《きょうふ》させるところで、威嚇《いかく》した段階で（世界が）頭《こうべ》を垂れて降参してくれれば〝中国の勝ち〟になるわけですけれども、実際は、軍事のほうだけをやって、ほかのことはボロボロになってきていますので、内部崩壊するまで（世界が）持ち堪《こた》えることができれば、「中国は崩壊する」と見ていいと思います。

オーストラリアのような小さなところでも、中国のやり方は、要するに、金を貸し付けたりいろいろしながら資源のある国を取っていこうとするやり方だということで、もうその野心は見抜《みぬ》いているし、スリランカやネパール等も取るつもりであることぐらいは分かってきてはいると思うのです。ですから、野心はすでにばれているのです。

そして、（中国にとって）今いちばんの危険は、中国が世界の工場として、世界各国の投資を呼び込《こ》んで工場展開して、いっぱい製品をつくっていたのだけれども、世界各国の工場が引き揚げ始めているということです。これがいちばん危険なことでしょう。

中国への投資も、香港《ホンコン》を経由して投資していることがそうとう多かったので、香港があああいう状態になって、もう見切りをつけている国がそうとう出てきている。たぶん、日本がいちばん逃《に》げ遅《おく》れる可能性が高いと思いますので、日本の企業《きぎょう》だけが逃げ遅れた場合の、日本の受けるダメージがどのくらいかということです。欧米《おうべい》系は、もうはっきり価値判断はしていると思われるのです。

あと、ミャンマーもそうだしアフガンもそうだし、そのほか、世界各地で起きるいろいろな軍事的なゲリラ・テロ関連による混乱で、世界が煙幕《えんまく》に包まれたような感じになってくるなかで、いったい何ができるか。

自由貿易は、もうできない可能性が高くなってきています。自由貿易ができなくて、向こう側が、ロシアや中国、北朝鮮、パキスタン、イラン等と結んでいった場合、あるいは、ギリシャやイタリアのような貧乏《びんぼう》な国が借金のカタに取られて、中国の事実上の植民地になっていった場合、アフリカなどにもそういう国はありますけれども、世界は非常に厳しい環境《かんきょう》下に置かれることになると思います。

アメリカは、とにかくバイデン政権の間は、もうそんなに頼《たよ》りにはならないとは思うのです。まあ、彼一人ではありませんし、ほかの人がいるから考えは出るとは思いますが、ただ、日本は日本で、もうちょっと言うべきことを言い、やるべきことをやらないと、岸田さんもいいのだけれども、後手《ごて》後手《ごて》になって「聞く耳を持っています」というだけだったら、五年、十年と遅れていくことになる可能性はあるのではないかと思います。

資本主義に逆行している日本銀行のマイナス金利

新しい資本主義の精神は、やはり、「資本の持つ意味」を理解しないかぎり分からないと思います。

以前、「日本の現状は、石器時代と変わらなくなっていますよ」ということを言いました（二〇二一年九月九日収録「沈黙《ちんもく》の声を聞く」参照）。

銀行は一定の当座預金を日銀に置かなければいけないのですけれども、日銀のゼロ金利により、置くと「マイナス金利」になるということで損をするような感じになってきています。これは資本主義としては逆行ですので、過去に戻《もど》る体制になります。

本当は、「預けても無駄《むだ》だから、金を貸して利益を生み出せ」ということなのだろうけれども、現実はダブついたお金がそちらへ行かないのです。貸して事業を拡大する方向に行かないで、株を買うほうに余剰《よじょう》資金が回っていました。

ところが、その株も、岸田さんが総理になると流れたとたんに、〝ご祝儀《しゅうぎ》〟でパッと下がってしまいました。「中流を増やさなければいけないので、上のほうを減らす」ということで、株の取引をしている人たち、金融《きんゆう》取引をしている人たちが儲けたものに税金をかけようとしていたところ、いきなり株安になって二千円も落ちたのです。そして、（岸田さんは）急に途中《とちゅう》で「今回はやめた」とか言い出したりしています。どれほど難しいかということです。統制経済というのは、基本的には難しいものだと思わなければいけません。

安倍《あべ》政権の時代下に平均株価は上がりましたが、やはり、景気の高揚《こうよう》感はなかったと思います。日経平均も基準にする銘柄《めいがら》が決まっていて、そこの銘柄のところが悪くならないように操作をすれば日経平均は上げられますので、みんな回復感がないのに日経平均の株価だけが高いという状態が続いていて、実体経済が回復しているということは、誰《だれ》も信頼《しんらい》していなかったと思うのです。

その意味で、日銀の立場で考えれば、もう行き詰《づ》まっていると思います。打つ手がほぼない状態になると思います。

7 〝グレタ教〟や「デジタル庁」の危険性

〝グレタ教〟が引き起こす電力危機と現代社会への影響《えいきょう》

日銀も、最初は環境論《かんきょうろん》、いわゆる〝グレタ教〟に賛成する企業《きぎょう》に特別枠《わく》で融資《ゆうし》するといったことを、黒田《くろだ》さんが拒否《きょひ》していましたけれども、とうとう最近は負けたようで、「環境に熱い思いを持っている企業には、特別枠のようなものをほかの国に合わせてやる」というようなこともちょっと言い出しています。

新しい資本主義を考えるためのもう一つのポイントは、この〝グレタ教〟の処遇《しょぐう》だと思うのです。

高校生というか、高校に行っていないでストライキばかりしているスウェーデンのグレタさんの意見に、各国首脳はもうほぼみんな負けてしまっています。反論すると何か負けそうなので、もうそれに従っているのです。とうとう中国やロシアまで「二〇六〇年までには何とかＣＯ$_2$をゼロにする」とか言って、それ以外の西洋諸国は「二〇五〇年までに」と言っていますが、これから襲《おそ》ってくるのは、本当に電力危機です。

まずは電力危機で、いろいろな大規模な停電、あるいは工場生産のストップが、いろいろなところで起きてきます。電気が止まると現代経済や社会がどうなるかということを、グレタさんは知らないから言っているのだろうけれども、電気が止まったらどうなるでしょう。

本当は、要するに、日本だって、実際にある「実体のお金」というのは二十五パーセントぐらいなのです。ちょっと前、何年か前には二十五パーセントぐらいで、今はそんなにないかもしれませんが、（それ以外は）全部「電子マネー」で動いていますので、電気が止まるということはどういうことかというと、これはけっこう危ないことが起きます。

例えば、最近、みずほ銀行でトラブルがありました。送金トラブル等が六回、七回と続いて、社長にも責任が及《およ》ぶようなことが起きたと思いますが、ああいうのだって、疑えば疑えなくはない。先ほど言ったような、大使館にサイバー攻撃《こうげき》らしきもので病気を起こす攻撃をやれるのなら、みずほの電子送金システムを狂《くる》わせることは、サイバーテロとしてやろうと思えばできないことはないかもしれません。特に、大きいところは数は少ないですから、象徴《しょうちょう》的なところを一つやったらそうなります。

また、最近では、ちょっとニュースを観《み》ていたら、「ＮＴＴドコモは全国で使えません」というようなことを二日ぐらいやっていました。使えなかった人は二百万とも八百万ぐらいとも言っていますが、ＮＴＴドコモだけが使えなくなるというのは、怪《あや》しいと言えば怪しいのです。

ですから、日本の、このへんのサイバー攻撃への防御《ぼうぎょ》に対する考えはすごく後《おく》れているので、こういうものでやられると、電気のところで十分な補給機能を持っていないと、何が起きるかは分かりません。

〝諸刃《もろは》の剣《けん》〟であるデジタル庁の問題点と嘘《うそ》

私がいちばん恐《おそ》れているのは、お金に関しては自分も携《たずさ》わったことがあるから分かるのですが、すでに一九八〇年代からコンピュータはあり、今のように小さいものではなくてアップルⅡ《ツー》とかですけれども、こんなもので、もう本当に一人でアルファベットと数字を押《お》しただけで、世界のどこにでもお金を送れましたから、あのシステムをもし狂わせる能力が発生したとしたら、とんでもないところにお金が入るという仕組みはつくれないことはないということです。

当時、私ぐらいの若い人でも、もう二百万ドルぐらいは送っていました。二百万ドルだから二億円ぐらいでしょうか。もう数秒です。五秒ぐらいで、世界のどこの銀行にでも送れたものでした。その代わり、間違《まちが》った場合は取り返すのは大変です。返してくれないからです。

ですから、送ったつもりでも、何か操作されて別のところにそれが流れて入っていたとかいうことだったら、これは大変です。

この前、バングラデシュでのことですが、何カ月か前か、「バングラデシュの銀行からお金が抜《ぬ》かれた」というニュースが出ていました。これは北朝鮮《きたちょうせん》のハッカー軍ではないかと、基本的には目《もく》されているけれども、証拠《しょうこ》が何もないのです。バングラデシュぐらいのレベルだったら防衛は十分でないでしょうから、このへんから抜かれたら終わりです。

もし、スイスの銀行から抜く技術を持つ、〝超巨大《ちょうきょだい》スーパー技師〟が登場した場合、こちらのほうだけの天才が出てきた場合は、スイスといった、脱税《だつぜい》に使われている金がいっぱい入っているようなところ、要するにオープンにできない金がいっぱいあるところから抜かれても、違法《いほう》な金がいっぱい集まっていますから、公表できない状況《じょうきょう》になりますので、けっこう厳しいでしょう。

そういう意味で、日本はもうかなり後れを取り始めてはいるなと思います。

一方では、「デジタル庁をつくる」とか言っていますが、これも結局、デジタル庁の三分の一ほどは出向社員で、その九十八パーセントは非常勤で民間の会社にも籍《せき》を置いて、そこで仕事をしながら、暇《ひま》があったらデジタル庁で手伝うといったかたちでやるというので、これはもうほとんど〝ザル〟です。

民間企業から言えば、「政府の役人でもあるから」ということで、政府が持っている情報を抜くことはできるのです。政府としては「何とか省のための情報をほかの省に渡《わた》すことはない」とかいくら言っても、民間人が三分の一はいるのですから、そのなかにスパイ養成所を経《へ》た者やハニートラップされた者が入ってきていたら、どんな情報だって抜くことは可能ですし、数値を動かすことも可能になるのではないかと思うので、デジタル庁は〝諸刃《もろは》の剣《けん》〟だと思います。〝怖《こわ》い〟と思います。

そのように、後れてやっていて、やらなければいけない面もあるけれども、怖い面もあるし、嘘《うそ》もいっぱい言っています。デジタル庁ができれば、マイナンバー制で、もう何も手続きしなくても政府のほうから補助金を一方的に振《ふ》り込《こ》んでくれると言っているのです。

例えば、今、政策・公約で、「一人十万円、補助金を撒《ま》きます」とか「二十万円撒きます」とか言っているけれども、こういうときに申請《しんせい》する必要がなくて、一方的に向こうの政府のほうから、〝がま口〟の口を開けてなかに投入できるというのです。これは点滴《てんてき》を打つ要領です。医学が全学問領域に浸透《しんとう》しつつあるのかもしれませんが、「点滴風に一方的に振り込めるので便利ですよ」というような言い方をしているのです。

ただ、私などは、やはり信用できない。すべての個人情報が政府の機械のところでAIでコントロールできて、それを「悪用はしません」と言っても、悪用する人が「悪用します」とは言うはずがありませんし、悪用していなくても、これに侵入《しんにゅう》して盗《ぬす》む人は必ず出てくるのです。

民間企業から三分の一の人を使っているなら、この民間企業から出向している人たちのさらに〝一段腕《うで》が上〟の人で、国際サイバーテロをやっているような連中が絡《から》んできた場合は、これはやられる可能性はあると思っていますので、このへんのところはあまり信用はできないとは思っています。

「課税」と「分配」が自動的に進められることの怖《こわ》さ

それから、最終的な狙《ねら》いは何でしょうか。現実には、「自由民主党」などというものはなくて、〝社会分配党〟です。そういうことですが、社会主義というのは課税とそれの分配を中心とする統制経済が中心ですので、誰《だれ》かから金を抜いて、誰かに金を払《はら》うと言うのでしょう。払い込んでくれるということです。

ただ、私たちが何もタッチしないで、承認もしないで、判子《はんこ》もつかず、書類も書かず、何も知らないうちに、「年収が幾《いく》ら、貯金が幾ら以上の人からは一律五十パーセントの税金を取って、恵《めぐ》まれない一千万世帯に、それを全部自動的に振り込みました。何らの承認も何もありません」という世界が出たときに、それは本当に是《ぜ》とされるか否《いな》かということは、けっこう怖《こわ》いことです。知らないうちに自分の財産から抜いて、知らないうちにほかのところに入れたと言っているけれども、それを確認のしようがありません。確認できないのです。

自分のお金が、例えば「どこそこの津波《つなみ》で困っている人たち十万人のために払い込まれた」というのが分かるのなら、まだそれでもいいのです。それは本来、個人がやるべきことですし、個人が自分の気持ちでそこへ寄付をすればいいことで、それを、私が言っている「騎士道《きしどう》精神」でやるのはいいことだと思うのです。あるいは、ビル・ゲイツ財団のようなところがいろいろな医療《いりょう》について何兆円ものお金を世界で使っているのも結構で、その使い方は自分で分かっているからいいのです。

しかし、これを、「どこからともなく抜いて、どこからともなく送り込む」というスタイルにするのは、けっこう怖いものがあります。もし、海外のほうに何か別ルートで抜かれても分からないし、別に、悪いこと、悪さに使われても分からないということになります。

国会で予算審議《しんぎ》などをしていても、こんなのはもう机上《きじょう》の空論《くうろん》で、ほかの実務レベルのところでいくらでもお金は右から左へ動いているということになると、これはもうどうしようもないし、自分の口座から自動的に抜かれてほかに送られてしまうと、これは取り戻《もど》しようがないのです。どうしようもないのです。印鑑《いんかん》とか判子があったら、それについてはまだいいのです。ところが、「こんなのは、廃止《はいし》してくれたはいいが、自分の口座から抜かれるかもしれない」ということです。

例えば、貯金が五千万円以上ある人は持ちすぎだからと、〝血を抜いてあげる〟ということでサーッと一律にやられたり、緊急《きんきゅう》事態なのでと、サッと一律に抜かれたりしたら、あっという間に政府のほうは潤《うるお》ったような感じになるかもしれません。でも、分配するのは好きだから、分配はあっという間にしてくれると思います。

8 「統制経済」「医療《いりょう》全体主義」の危険性について

「課税」と「分配」を言うのが「現代の社会主義」

また、選挙前に公約で「個人に十万円を払《はら》う」とか「未成年者に十万円を払う」（現実は十八歳《さい》以下）とか言っているところもあります。未成年者は投票権がありませんから、「十八歳未満の方に十万円を払っても、直接には買収にならない」となるのでしょうけれども、結局、親を買収しているのと一緒《いっしょ》ですから、十万円で買収しています。買収なのです。

それから、「二十万円を払う」と言っているところもあります。

さらには、ある党の党首は、「これからは子供の少子化対策が問題だから」ということで、「第一子を産んだら一千万円をあげよう」ということまで言っている。

気前のいいことです。子供を一人産んだら一千万をくれるといっても、一千万も要《い》りません。出産費用は何十万円で済みますから、「一千万円をくれたら、それで事業を始めるなり何なりできるじゃないですか」と、こんなことを言うところもあります。

まあ、ありがたいことですけれども、でも、よく考えてみたらおかしいと思いませんか。「自分たちが好きで結婚《けっこん》して子供を産んだのに、第一子が生まれたら一千万円をくれる。なんで一千万円をくれなければいかんわけ？　おかしいじゃないの？　そんなことがあってたまるか。裏で何か悪いことを考えているだろうが」と思うのが普通《ふつう》です。「一子産んだら一千万円払う」。やはり、これは疑うべきでしょう。そういうことは思います。

あんな「れいわ新選組」のようなところも、「インフレ目標は二パーセント」ということになっているのです。ですから、「インフレが二パーセントになるまでは、お金は刷って刷って刷って、撒《ま》いて撒いて撒いてすればいいんだ」ということですが、これは「MMT理論」（現代貨幣《かへい》理論）です。「二パーセントになるまではお金を撒き続けても全然構わないんだ」と言っているわけです。

ただ、問題は、今はお金をいくら配ってもタンス預金になり、個人預金になって使わないし、企業《きぎょう》だって使わないということです。

そこで、「企業の内部留保が幾《いく》らある」ということに目をつけて、「そこに課税しろ」と言っているところもありますけれども、（内部留保をする）その理由は、私にはよく分かります。それは、景気の変動に耐《た》えるには、個人であっても何が起きるか分からないのですから、企業も内部留保が必要なのです。

例えば、いきなり「休業しろ」などと言ってくる。「酒は売ってはいかん」とか、要するに、「食料品以外は売ってはいかん」とか、いきなり言われたら、もう潰《つぶ》れます。

デパートでも、貴金属等を扱《あつか》っているブランド店の人に訊《き》いたら、緊急《きんきゅう》事態宣言をやられて、例えば、一カ月半、女の子たちが寮《りょう》から出られないでいると、みんな心身共におかしくなって、「ちょっとたまらない」と、やはり言っています。

また、ワクチンだけで死んだと言われている人が一千人ぐらい行っているけれども（二〇二一年十月時点）、実はコロナ関連ではほかのことでも不調和で死んでいる人はいっぱいいいいると思われますので、どこまで影響《えいきょう》があるかはちょっと分からないところです。

こういう、震災《しんさい》があったり疫病《えきびょう》が流行《はや》ったり、いろいろすると、すぐに緊急事態風の統制経済を敷《し》きたがるのは習性ではあるのだけれども、要するに、「課税と分配を言うのが、現代の社会主義なんだ」ということは、やはり知っておいたほうがよいと私は思います。

これは、「自由」とは何の関係もないことです。「自由」でも「民主」でもやはりないのだということで、これは、共産主義のまねをしようとしている、その中間段階としての「社会主義」にしかすぎないのだということです。

共産主義が、実際上、成功したところは農業国家しかないのです。農業だけをやっているようなところなら、共産主義はある程度成功したのですが、工業国家になったあたりで共産主義はもう成功しなくなっていきました。ただ、重点的に、重化学工業のようなものに投資するようなかたちで工業社会に移行する過程では、共産主義まで行かない前の社会主義的国家なら成功する場合もあります。

しかし、その次の段階の第三次産業、サービス産業以降の世界で共産主義が成功するのだったら、これは何かの嘘《うそ》が確実にあるということは知るべきです。何らかの不幸なりを隠《かく》しているか、数値をごまかしているか、何かがあるということは言ったほうがいいのです。

自由主義下の「規制」と統制経済下の「規制」の違《ちが》い

「統制経済」と、「自由主義下の法律による選択《せんたく》の自由が認められる生き方」とは何が違《ちが》うかというと、基本的にはハイエクも言っているとおりなのですけれども、「自由主義で認められるのは、要するに道路標識みたいなものなんだ」というわけです。

例えば、「この先危険！　山崩《やまくず》れの恐《おそ》れあり」という道路標識が立っているとすると、これを見て、それでも進むか進まないかは、それは運転者の判断です。

この「標識を見て判断する」ということ、これが自由主義下で認められる「規制」です。

社会主義国家における規制はどうか、統制経済はどうかというと、ただ「進め！」「退《しりぞ》け！」しか言わないということです。

例えば、「新幹線を使え！」と言うか、「在来線を使え！」と言うか、「車を使え！」と言うか、あるいは「歩け！」と言うか、「走れ！」と言うか、「飛行機に乗れ！」と言うか、「乗るな！」と言うか、こういう「何々をせよ！」という命令を出すのが、これが統制経済型のやり方です。

今、空を見ると、港《みなと》区辺では夕方ごろ、乗客が乗っているのかどうかは知りませんし、ほとんど乗っていないかもしれないのですけれども、ジェット機がいまだに超《ちょう》低空で飛んでいます。パチンコの玉では当たらないかもしれないけれども、バズーカ砲《ほう》で撃《う》てば墜《お》とせるぐらいの高さでジェット機が飛んでいるのです。

あれは、確か、東京オリンピックで外国の客がいっぱい来たときに、便利にするために低空飛行の練習をするということで、オリンピックの一年ぐらい前から始めたように思うのですが、オリンピックが終わってもやはり低空で飛んでいます。

だいたい、ああいうふうなちょっと融通《ゆうずう》の利《き》かない世の中になりやすいということです。いったん決めたらもうそのとおりになってしまって、自由が利かないのです。

ですから、それぞれの人の判断もあってもいいとは思うのですけれども、ちょっと危険な面はあるかもしれません。

とにかく、「don't《ドント》」が「自由があるなかでの規制」ということです。これは、国家である以上、あるいは一定の社会である以上、あるいは会社でも、それは、何らかの、社内のルールとか、あるいは町のルール、市のルール、県のルール、国家のルールはあるとは思うのですけれども、ハイエク流に言えば、やっていいのは、「『don't』『やってはいけないということ』は何かということだけは、はっきりしておけ」ということです。あとについては言えないのです。

例えば、包丁《ほうちょう》は売っています。包丁は、買いに行けば、スーパーでもどこでも手に入ると思います。しかし、包丁は売ってくれても、売るときに、販売員《はんばいいん》は「これで人を刺《さ》してはいけません。怪我《けが》をさせてはいけません。殺してはいけません」とは言いません。包丁はお金を払えば売ってくれます。

ただ、それは、「刑法《けいほう》では、そういう犯罪をしたら懲役《ちょうえき》刑か死刑か何かになる可能性がある」ということがあるから、包丁は買っても自由には使えないところがあるということです。野菜を切ったり肉を切ったりしてもいいけれども、生きている人間の肉を切ったら、それは犯罪になります。

ですから、包丁を買ってどう使おうと自由だけれども、（すべてが）自由にはならないのです。

サッカーボールを買って蹴《け》るのは、どう蹴ろうと自由です。それは、運動場で蹴っている分にはいいが、運動場のネットを越《こ》えて隣《となり》の家の窓を割ったら、弁償《べんしょう》して謝罪しなければいけないということです。

「こういうことがあるから『してはいけない』ということはあるけれども、『何々をしなさい！』ということであってはならない」というのが自由主義であるわけです。

このへんのところについて、自由には、一定の「やってはいけないこと」が当然何か出てきます。それは組織で生きている以上、出てきますけれども、「やってはいけない」という「don't」ははっきりしておくとしても、「do《ドウ》」「これをしろ」と必ず言うのはおかしいということです。

もちろん、仕事上で上司が部下に「これをやれ」と言うのは、それはあってもいいことですけれども、日本国中に「これをやれ」と言うと、ちょっとおかしい。「サイレンが鳴ったら、全員頭巾《ずきん》を被《かぶ》って地下に潜《もぐ》れ」とかいうような感じはちょっと危ないし、「お酒は全部売ってはいけない」とかいうのもおかしいし、「手を消毒しなければ、絶対にやってはいけない」とかいうのも、気をつけないと危険です。

コロナ禍《か》で感じた「画一的に考えること」の怖《こわ》さ

そのように、「ワクチン全体主義」あるいは「医療《いりょう》全体主義」のようなものも起きやすいので、私はそちらのほうを、むしろ怖《こわ》がっています。

例えば、実際上の日本の（コロナでの）発病率や死亡率は、インフルエンザと比べて、別に大して変わりませんので、「インフルエンザのときに、そんなに営業を中止したり、『酒類を出すな』とか、『人前ではしゃべるな』とか、『マスクと消毒と検温を絶対にやれ』とか、やりましたか」というと、そんなことはないでしょう。

インフルエンザに罹《かか》った人は、それは、会社の人が「休んでくれ」とか言うでしょうし、学級で一定数流行《はや》ったら学級閉鎖《へいさ》をやったでしょう。ただ、「ある学校でインフルエンザが流行ったから全国の学校を休みにする」とかはしていないはずです。

そういうことですので、例えば、営業をやっているどこかで大量に（感染《かんせん》が）発生したら、そこは店を閉めてもいいと思います。営業停止を、いつもどおりやってもいいとは思うけれども、ほかのところも全部そうしなければいけない理由はないと思います。

そういう「緊急事態」を言われていても勇気を持って営業していた人たちが、〝自粛《じしゅく》警察〟に圧力をかけられて嫌《いや》がらせをされたりいろいろしていたというのは、ちょっと危険な傾向《けいこう》があるなと思います。

とにかく「ワクチン、ワクチン」と言っているけれども、「ワクチン全体主義」もちょっと気をつけたほうがいいなと、私は思っています。これに飼いならされてしまうと、もう条件反射のようになってくるので、次から次へといろいろなことを言えるように、次はなります。

例えば、「炭疽菌《たんそきん》が撒かれました。みなさん、各自、呼吸するのをやめてください！　酸素ボンベを自宅の地下に確保してください」とか、こんなことを言われるようなことがあるかもしれませんけれども、「ちょっと、いいかげんにしないと危ないですよ。何でも画一的に考えるのは問題ですよ」というふうに言っておきたいと思います。

9　「新しい資本主義」には神仏の下《もと》の新しい道徳を

特に今の政治は本当に魅力《みりょく》がないので、私も何を言っているかはもうあまり見ていないのです。〝バラマキ合戦《がっせん》〟だし、人を騙《だま》すのも〝狸《たぬき》と狐《きつね》の合戦《かっせん》〟でしか……、いや、当会は狸をやや評価しているから〝狐の騙し合い〟でしょうか。そのようにしか見えないので、魅力はないのです。

私が本章で述べたことが、岸田《きしだ》さんの「新しい資本主義」の（実現会議）メンバーたちが出す結論と一緒《いっしょ》になるかどうかは知りませんが、私が最後に申し上げたいことは、基本的に、「資本主義的発展」のためには、やはり「道徳」が要《い》るということです。

「新しい資本主義」の前に、「新しい道徳」が必要だと思います。道徳の確立なくしての資本主義は、単なる「欲望の自由」であるし、「金儲《かねもう》けの自由」だし、「金を使う自由」でしかないので、それは精神的にそうたいした、大きな値打ちを持つものではないと思います。

ですから、「新しい道徳」が必要です。「新しい道徳」は、すでに失われた道徳をかなり復権させつつ、現代に合うようなものでなければいけないし、「新しい道徳」は、その上にやはり神仏から発信される考え方を反映しなければいけないと思います。

そうした真実の世界の価値観に照らして、この世で決めていることをやろうとしていることが、はたして「正しいのか、正しくないのか」ということをよく考えていただきたいと思います。

それなくして、単に「お金の回転率を上げる」とか、「利益はこうしたら上がる」とか、「財政赤字が幾《いく》らになったらパンクする」とか「しない」とか言っているけれども、みんな自分の好きなところだけを取ってきて、いいことだけを言っているので、そういう、この世だけの話はつまらないのです。

月刊「文藝春秋《ぶんげいしゅんじゅう》」にも、財務次官の方が「『日本の国家債務《さいむ》は千百六十六兆円あります』などと言った」と書いてあります。まあ、一千二百兆円ほどあると言っています。

そして、その冒頭《ぼうとう》のほうで、松下幸之助《まつしたこうのすけ》さんの言葉を引用しているのです。以前の中曽根《なかそね》臨調のころのことだと思うのですけれども、一九八〇年代半《なか》ばの中曽根臨調のときの財政赤字はわずか百兆円だったのですが、そのときに、「松下幸之助が『こんなことは会社ではあってはならんことで、こんなに借金があったらおかしい。だから、これはどうにかしなきゃいけない』などと言った」ということを、冒頭で引用しているのですけれども、「あれ？　そのあとに、松下さんの『無税国家論』はどうして引用されないんだろうなあ」と思ったのです。そちらのほうは忘れていて、こちらの「こんなに財政赤字があるのはおかしい」というほうだけを引用していたので、まあ、いいかげんなものだなというふうに思っています。

前の安倍《あべ》内閣から菅《すが》内閣と、共に次官候補のナンバーワンを外してナンバーツーのほうを次官にするということをやって、そして操縦し始めたということは知っています。「本来なら次官になれない人を次官にすることで言うことをきかす」ということです。これはだいたいもう決まっていた人を外していくということで、そういうふうにやっていたようです。

政治の世界は、嘘《うそ》をついたり騙したりができないと、やはり権力というのは維持《いじ》できないのでしょうか。このへんのところをもうちょっと正直にやれる政治ができる時代が来ることを願いたいなというふうに思っています。

本章では、大して理論的ではありませんけれども、「新しい資本主義の風景」について語りました。

これについてのお返事が、いずれ政府のほうから出されると思いますが、私が述べたことをいちおうチェックポイントにして、彼らがどんな答えを出してくるかをよく見てください。そして、どういう言葉の嘘を使うかをよく見ていただきたいと思います。

少なくとも、こうした意見の発信が、この世に何らかの影響《えいきょう》を与《あた》えているというふうに願いたいと思っています。

「霊言現象《れいげんげんしょう》」とは、あの世の霊存在の言葉を語り下ろす現象のことをいう。これは高度な悟《さと》りを開いた者に特有のものであり、「霊媒現象《れいばいげんしょう》」（トランス状態になって意識を失い、霊が一方的にしゃべる現象）とは異なる。

なお、「霊言」は、あくまでも霊人《れいじん》の意見であり、幸福の科学グループとしての見解と矛盾《むじゅん》する内容を含《ふく》む場合がある点、付記しておきたい。

第2章

天御祖神《あめのみおやがみ》の経済学

――神の心に適《かな》った経済と富の考え方――

二〇二一年十月二十七日　収録

東京都・幸福の科学総合本部にて

天御祖神《あめのみおやがみ》

『古事記《こじき》』や『日本書紀《にほんしょき》』よりも古いとされる古代文献《ぶんけん》『ホツマツタヱ』に出てくる日本民族の「祖《おや》」に当たる創造神。約三万年前、アンドロメダ銀河から宇宙船で約二十万人を率いて富士山《ふじさん》の裾野《すその》に降臨《こうりん》し、「富士王朝」を築き、日本文明の基《もとい》を創ったとされる。「正義」「礼節」「秩序《ちつじょ》」「調和」等を人々に説き、その教えは世界各国の古代文明に広がるとともに、日本の武士道の源流として現代まで脈々と受け継《つ》がれている。地球神エル・カンターレの本体霊《れい》に近い存在の一人とされる。(『天御祖神の降臨』〔幸福の科学出版刊〕等参照)

1　お金が存在しない実在界における経済学とは

金銭に執着《しゅうちゃく》する者が多い「四次元」、「感謝の経済学」の「五次元」

天御祖神　本章では、今、日本の国と世界において大きな問題にもなりつつある経済のあり方に指針を与《あた》えるべく、その根本的理念・考え方を語りつつ、向かうべき方途《ほうと》について語りたいと思っております。

まず、この世に生きている人間というのは、お金という存在を当然のものだと思って、すべてを、それを中心に組み立てることに慣れすぎているのではないかというふうに思います。しかしながら、これも、「間違《まちが》えば、ある意味において唯物論《ゆいぶつろん》的な世界観である」ということを忘れてはならないというふうに思うのです。

この地上を去った実在界においては、現実にお金というものは使われておりません。少なくとも、ある程度の霊的《れいてき》な覚醒《かくせい》を終えている者にとっては、お金は必要ではありません。

それを求めているのは、この地上・三次元世界とほぼ同居している四次元世界における、地獄界《じごくかい》と幽界《ゆうかい》といわれる低位霊界《れいかい》のみにおいて、貨幣《かへい》や紙幣あるいは金貨、それに準ずるもの等が存在するように思って、それを欲《ほ》しいと思い、また、それを利用し、自《みずか》らの地位や権力や、あるいは野心や虚栄心《きょえいしん》を満たさんとして、うごめいている人たちです。実際は唯物論的な意味における貨幣や紙幣等はないにもかかわらず、そういうものがあるかのごとく、それを求め、求め、求めている亡者《もうじゃ》のごとき存在や、あるいは、地獄的亡者ではないにしても、この世の延長としての、そうした貨幣経済・金銭に執着《しゅうちゃく》している者は、数多く生きてはいます。

しかしながら、ある程度の霊的な悟《さと》りを得た、五次元以降の世界といわれる所においては、人間は「自分の本体が霊的存在である」ということを悟っているため、そうした金銭とか、それに類似《るいじ》するものに執着する心は失われていきます。

それに代わりて存在する経済学は、「感謝の経済学」です。そこでは、「人に対する感謝の思い・お礼の思い」、それから、「自分自身に対する、これだけの仕事をやったということに対する満足感」、あるいは、「ある種の、正しい意味における自己肯定感《こうていかん》」、こうした情念的なるものが、貨幣に代わるものとなっています。

それゆえ、この世界においては、より多くの人々の役に立った人は、数多くの人たちから感謝・報恩《ほうおん》の気持ちを受けるようになり、それがその人の心の豊かさになっています。

ですから、多くの人々に感謝されるような生き方を日々重ねている人たちには、それなりの尊敬や敬意、人々の取り扱《あつか》い方というものが現れてきて、「それらの行《こう》為《い》が神仏の心に適《かな》ったものである」ということを示すようになります。これが五次元という世界です。

何らかのエキスパートで、役に立つ仕事をしている人がいる「六次元」

天御祖神　この上にある六次元という世界になりますと、人間的生活からもう一段離《はな》れたものになってきます。

五次元世界には唯物論的な「物」というものは存在しませんが、生活形態としては、この世に似た生活形態を取っている人も数多くいます。ただ、この世とは違った面も一部はありますが、考え方のなかにおいては、人間的生活を模倣《もほう》しているような生活をして生きている者が数多くおります。

しかし、六次元という、もう一つ上の世界に入ったときには、精神的なる要素がさらに高いものになっています。

すなわち、人間としての姿で毎日の生活をしなければならない、そうした暮らしの組み立て方というものは、極《きわ》めて希薄《きはく》なものになってきます。何らかのかたちでの仕事というものは残ってはおりますが、人々の役に立つという意味における仕事の形態はあり、それぞれの専門というものはありますが、あくまでも、この世的な意味における生活と仕事というようなものが存在するわけではありません。

人々は、何か自分の長所に当たるもの、特長に当たるもの、最も関心のあるものについての研究や修行《しゅぎょう》、あるいはその実践《じっせん》を行《おこな》っています。ですから、六次元といわれる世界から上では、何らかの意味での専門的なエキスパートであることが多く、それぞれ得意なものを何か持っています。

そのなかでも、神仏の心の本流のなかで修行している者と、そうではなく、まだ地上にいたときの名残《なごり》としての自我や自己陶酔《とうすい》感が幾分《いくぶん》残っている者たちには、「裏側」といわれる世界において、すでにこの世的なものではないけれども、「霊能力」、「超能力《ちょうのうりょく》」といわれるもので、人ができないようなことを研究したり実践したりしている人もいます。

この表側も裏側も共に、地上に生きている人間に対しては、時折、影響《えいきょう》を与えています。地上にいる人たちが何らかの専門的な仕事をやっており、それを究《きわ》めようと努力しているような関係においては、六次元世界からの指導霊・支援《しえん》霊となって、彼らを背後から応援していることになります。

そこまで行っていないレベルの霊たちは、いわゆる先祖霊とか、あるいは友人、知人、家族の霊として、四次元、五次元あたりにいて、地上に生きている人間に影響を与えることもありますが、プロフェッショナルな何らかの能力を持っている、そして、この世でそれを役立てようとしている人に対しては、だいたい、六次元の存在が何らかの意味でティーチャーの役割を果たしていると言えると思います。

この六次元にも「下段階・中段階・上段階」の差はあって、その「下段階・中段階・上段階」の差のなかでも、またしても「下段階・中段階・上段階」ぐらいの分かれ方があって、大まかに言えば三段階、もうちょっと細《こま》かく言えば九段階、さらに分ければもっと細かく分かれていくことになります。

その六次元世界に住んでいて、同じ世界であるから自由自在に行き来しているかと言えば、必ずしもそうとは言えません。それは、例えば、建物のなかにおいてそれぞれのフロアが違えば、そのフロアを移動するのに階段とかエレベーターとかを使わなければ、別のフロアに移動し、そこで自分の行動をすることができないのと同じように、何らかのきっかけがなければ、別の階層に移動することはできず、同じ階層のなかで同じレベルの人たちと技《わざ》を磨《みが》きつつ勉強している、あるいは修行しているということになります。

もちろん、上の次元に上がっていくほど、神の心に近づいていくのはそのとおりではありますけれども、残念ながら、日本の霊界においては、この六次元あたりの存在が「神」を名乗っていることは数多くあります。それは、八百万《やおよろず》の神々という言葉で表されるように、八百万もの神が存在するわけはないけれども、八百万もの専門家ということであれば、存在することができるはずです。

そういうふうなことで、この世の職業に合わせたような、あるいは職業にかかわらず、何らかの才能的な面において必要な能力を持っている者たちが、その道を究めんとしてやっている世界が、この六次元という世界であります。

この六次元の世界においても、上段階まで行きますと、地上においては神社仏閣《ぶっかく》に祀《まつ》られているような人たちも存在はしています。たいていの場合、地上に生きていたときに、何らかの新しい貢献《こうけん》をして、人々からその行為についての感謝が続いているようなことが多いと思われます。

例えば、「稲《いね》をより効率的につくる方法を考え出した人」とか、「水をどのようにして田に引いてくるかということにおいて新しい発見をなした方」であるとか、「堤防《ていぼう》の決壊《けっかい》を止めるための工夫《くふう》をした人」であるとか、「日照《ひで》りをどのようにして調整して食料不足を防ぐようにした人」であるとか、「船を改造して、どうすればより多くの魚を獲《と》れるようにしたかというような方」であるとか、あるいは「魚を釣《つ》る仕組みをつくり出した人」であるとか、あるいは「今までなかった作物をつくり出した人」であるとか、あるいは「機織《はたお》りの機械を生み出した方」であるとか、「蚕《かいこ》の糸を紡《つむ》いで絹にする方法を編み出した方」であるとか、こうした専門技術的なものにおいて、地上の在世当時と、去ってから後《のち》に、地上の人々の感謝の念が残るような仕事をなされた専門の方々が、〝ある種の神〟として存在していることは多いと言えます。

日本霊界においては、このレベルの神が、かなり数が多いということが言えますし、また、裏側であるところの天狗《てんぐ》や仙人《せんにん》、龍神《りゅうじん》、その他、西洋的には魔法使《まほうつか》いに当たるような方々も存在するわけですけれども、こういうような人たちは、この地上において霊的現象を起こしたりするのに協力したりしている人が多いです。

ですから、ある意味で、普通《ふつう》の人間が天上界《てんじょうかい》に上がったかたちとはかなり違ってはおります。まあ、西洋であれば、カード占《うらな》いから始まってさまざまな魔術的な指導がございますが、日本においても、霊的な形式を用いて、何らかの、例えば、方位・方角とか、姓名《せいめい》判断とか、ある種の儀式《ぎしき》を用いて邪悪《じゃあく》なるものを寄せつけない方法とか、こういうものを、流派を受け継《つ》いでいるような者を指導している方もおります。

さらに、例外的ではありますが、まあ、本来ならば地獄界で苦しまなければいけない面もある方々ではあるけれども、単に心が邪悪なだけではなくて、超能力へののめり込《こ》みが激しいために特殊《とくしゅ》な能力に依存《いそん》している人たちが、妖怪《ようかい》・妖魔の類《たぐい》として一部存在はしています。それを容認しているのは、そういうものもいなければ、この世が本当に完全な唯物論世界になってしまうからです。そういうことで、人々を驚《おどろ》かすような霊能力を地上に降ろすこともあります。

そして、この六次元界のいちばん上のほうに当たるのが、諸天善神《しょてんぜんしん》といわれている方々の存在で、「神」を名乗ることもありますが、西洋的な意味での「ゴッド」ではもちろんありません。それぞれの「匠《たくみ》」ということです。「専門職のマスター」ということになります。

さらには、そうした霊能力のほうでも、この世での小さな教祖とか、霊能者として信仰《しんこう》を集めているような方になっている場合もありますし、実は動物霊を操《あやつ》っているもののなかでの頂点的な存在も、この世界のなかにはおります。動物霊界にもやはりそれを操っている存在が必要ですので、稲荷大明神《いなりだいみょうじん》的な存在がここにも存在しております。

もちろん、稲荷大明神を名乗っても地獄的なものもおりますので、これは一緒《いっしょ》にはいきませんけれども、そうでないかたちでの、この地上における〝霊的兵法〟を示す者たちがいて、一定の信仰を集めてもいます。それは、現世利益《げんせりやく》的な面が、ある意味では多いと言えると思います。

「利他《りた》の心」が中心で、豊かさを増進した人もいる「七次元」

天御祖神　この上にあるのが七次元の壁《かべ》ですけれども、ここから菩薩《ぼさつ》の世界に入っていくのは簡単なことではありません。六次元の世界までは、よい人であり、自分の力を磨いていくことに専念していくことで、到達《とうたつ》することは可能になりますけれども、七次元から上の世界になってきますと、もう一段、「愛の心」が広くなり、「利他《りた》の心」が中心の生き方になります。

だから、「自分が、自分が」という考え方はあとになり、まず、自分のことではなく、「周りの人たちをどうしたら幸せにできるか、より愛することができるか。みんながよりよく生きていくことができるようになるか」というふうなことを考える方々が、七次元世界に入っていきます。

ここの壁はけっこう厳しいもので、そう簡単に超《こ》えられません。たいていの人は、昆虫《こんちゅう》、動物たちと同じく、まず自分の生命保存の本能は強く、さらに、自分が食べることによって生き、そして命を失うことを恐《おそ》れる――そういう生き方をこの世界においてなしておりますので、こうした本能的なるもの、生物として生まれたときに持っている本能的なるものを生きている間に乗り越《こ》えるということは、極めて厳しいことであります。

そのためには、「人間なら人間として生きている間に、いかに、その強く出てくる自我を統御《とうぎょ》し、さらに利他の心を育て育《はぐく》むか」ということが大事なことになっていきます。

しかし、まだ七次元の世界においては、利他の心は大きいけれども、地上においては無名である菩薩も数多くいます。たくさんの地域とたくさんの時代がありましたので、それらが、みなさんがこの地上で学ぶような日本史や世界史の教科書にみんな現れてくるわけではありません。

ただ、「自分が生《い》くるは、人のためなり」ということを悟っているという一点だけは、譲《ゆず》れない一点です。

地上に生きている人たちが、人のために生きていると思っても、本当は自分のために生きている。本当は名誉心《めいよしん》のために生きている。本当は野心のために生きている。本当は虚栄心のために生きている。そして、野心や虚栄心の反映としての金銭欲というものもあり、そうした金銭欲が、地位や名誉を象徴《しょうちょう》することもあるだろうと思います。まあ、こうなりますと、七次元世界にとどまることは難しいということです。

もちろん、大きな事業を興《おこ》した人などは、個人的にも金銭的にも豊かな一生を送ることもございますが、それ以上に、一人の人間としては、家族を養うレベルをはるかに超えて、多くの人々に、生活の苦しみを和らげ、豊かさを増進するようなことをなさった方が多いであろうというふうに思います。そうした、この世のなかの豊かさをつくる努力をした方も、七次元世界にはいらっしゃると思います。

大きな考え方の流れをつくり、世の中を善導した指導者の行く「八次元」

天御祖神　八次元の如来界《にょらいかい》に入りますと、やはりもう一段、大きな精神的な指導者としての資格が必要になってきます。宗教家や哲学者《てつがくしゃ》、思想家、その他いろいろございますけれども、何らかの大きな考え方の流れをつくって、世の中をよい方向に善導した方々がいらっしゃいます。

これが八次元の世界ですけれども、同じく大きな思想をつくって人々を導いたつもりが、間違った方向に影響力を行使して、この地上を毒し、害悪を垂《た》れ流した者は、正反対の地獄のなかでも最も厳しい地獄の一つである、「無間《むけん》地獄」という所で、孤立《こりつ》して生きていくことになります。

他の霊たちも存在はしているのですけれども、会話をすることもできず、触《ふ》れ合うこともできない。そういう漆黒《しっこく》のコールタールのなかのような地獄、あるいは深い深い井戸《いど》の底のような所に住んでいる地獄、あるいは限りなく深い独房《どくぼう》のなかにいるような地獄です。こういう所に、如来と誤りし思想家たちが数多くいます。

2　富の源泉と考えられているもの

富に対し、どのように理解し、解釈《かいしゃく》し、使ったか

天御祖神　これ以上の世界については話しても無駄《むだ》になるかとは思いますけれども、とにかく、今日お話しするところの経済学に関しましては、この世的には、貨幣《かへい》や紙幣、金貨、金塊《きんかい》、あるいは、そういうものではなくて、紙に書いたものや電気的なものによって記録されている財産もあると思いますが、「この世において富といわれているものに対し、どのように理解し、解釈《かいしゃく》し、使ったか」ということが、大きな考え方になると思います。

先ほど、そうした金銭や貨幣も、あるいは紙幣も、場合によっては唯物論《ゆいぶつろん》的なものになるということを申し上げました。

ただ、全部がそういうわけではありません。ですから、この世で普通《ふつう》に生きている人にとってみれば、やはり、その日の糧《かて》を得ることが大事で、一日働いた分の日当によって生活を立てているということが、普通の労働者でありましょう。

また、動物たちも、その日における獲物《えもの》を捕《と》らえたかどうかということが生きていく糧だろうし、空を飛ぶ鳥や、草むらの虫や、川のなかの魚にあっても、一日、その日の糧を求めて活動を続けているはずであります。

そのように、何らかの生活の生業《なりわい》を立てるということが、この世に生きることにおいて義務として定められておりますから、怠惰《たいだ》にして生きることは非常に困難なことになっています。

そして、この世に命を持つということは、肉体あるいはその生命体を外皮《がいひ》にまとうことになりますけれども、それを養うためにも、そうした糧を得なければならないということになります。

社会が発展していく過程においては、それが農耕や漁業だけで成り立った時代とは違《ちが》ってきて、もう一段、高度なものになってきます。そうした農業・漁業を中心とした第一次産業から、工業を中心とした第二次産業――ものづくり、機械づくり等ですね――そういうものが富を生む時代に入っていきますし、第三次産業としては、さらに高度なサービス産業・情報産業等が広がっており、この先にあるものも、今現在、展開しているところであろうというふうに思います。

そして、この世に生きている人間は、ともすれば、そうした一日に得る糧のみならず、月収、年収、あるいは生涯《しょうがい》賃金、築きえた富というものを、自分のこの世の〝名刺《めいし》代わり〟にし、要するに、富で換算《かんさん》できる「地位」とか「身分」とか「名《めい》誉《よ》」とかいうものを求めがちになります。

ですから、この世における生活では、現代では一つには、「頭がよいかどうか」というようなことが、学歴、その他いろんな能力を測る、測定するものとして存在しているし、もう一つは、「どの程度、富を形成したか、個人としてつくったか」ということが、その人の身分・地位等を表すことにもなっています。

簡単に言えば、勉強をよくして、千人に一人、万人に一人、あるいはそれ以上の秀才《しゅうさい》・天才となって、この世でその業績が認められて、それが富にもつながるような方もいれば、バット一本で何億ものお金を稼《かせ》ぎ出したり、ゴルフのクラブ一本で稼ぎ出す方もいれば、その他さまざまなスポーツ等の選手で何億ものお金を稼ぐ方もいます。また、芸能系では、歌を歌ったり演技をしたりすることで、何億もの収入を得るような方もいらっしゃいます。そういうふうなかたちで、この世的な自分の存在というものを意味づけ、人々から認識してもらおうと努力するようになります。

だから、この時点でよく考えていただきたいことは、「巨万《きょまん》の富を築くこと自体は、可能性を広げることであり、自由性を広げること」でもあるが、それを、どのような〝動機〟でもって築き、どのような〝過程〟でもって築き、その〝結果〟としての富をどう自分として使い、世の中のために還元《かんげん》していったかという、「この富の進化・発展・消滅《しょうめつ》の過程が見られている」ということになります。

富を生む「有用性」や「真《しん》・善《ぜん》・美《び》」について

天御祖神　現代においては、経済学も独自に走っているところがあります。お金そのものを扱《あつか》うこと自体も、一つの事業あるいは産業として発展しているところもありますし、先ほど言った〝頭のいい人たち〟も、それにかかわっていることも多いとは言えましょう。

受験勉強で、この世においてより効率のよい、より能率のよい、手際《てぎわ》のよい仕事の仕方を学んだ者は、より早くより多額のお金を稼ぐ方法を導いてくれる職業というものも選んでいくようになります。そういうふうな方もいらっしゃいます。

あるいは、プロ野球の選手などになりましても、まあ、子供時代はバッティングセンターで練習している方は数多くいて、だんだん、そのなかからプロになれる人も選ばれてはいくと思いますが、はたして、大リーガーなどが評価されるように、ホームラン一本が一億円にも値《あたい》するような額にもなるかどうか、打率の、本当に何割あるいは何分《なんぶ》が幾《いく》らに換算されるかという世界を経験する方は、数多くはないでありましょう。

このへんになりますと、ある意味での「希少性《きしょう》」というのが価値を生んでいるということにもなりましょう。「多くの人が同じことはできない」「珍《めず》しい」ということにおける価値でもありましょうか。

「富の源泉《げんせん》」として考えられていくものには幾つかありますけれども、オーソドックスには、富については、「一定の生活態度やその活動が、有用性を生む、世の中の役に立つ、自分の役にも立つ」、そういう「有用性」が一定の「富」として還元されるのが一般《いっぱん》的なかたちです。

ただ、これは、全国に数多くいる方々の経済のレベルではありましょう。それより高いレベルになりますと、有用性を超《こ》えて、もっと他の価値をも含《ふく》むようになってくると思います。

富のなかにも「真《しん》・善《ぜん》・美《び》」を含むものもあります。

その考え方なり、思想なり、教えることなりが「真理」を含んでいるがゆえに、それが富を生むという場合もあります。学問などがお金に換《か》わってくる場合は、たいていそういうことであろうし、研究の多くもそういうところはあるかと思います。

こうした「真」が富につながっている場合があります。

それから「善」。善悪の「善」を推《お》し進め、護《まも》るために、富が生まれてくるということもあります。

人を殴《なぐ》ったり、拘束《こうそく》したり、逮捕《たいほ》したりすれば、一般的にはよろしくない行動でありますけれども、例えば、交番の巡査《じゅんさ》がひったくり犯を捕らえてそれを逮捕するという行為《こうい》、あるいは、刃物《はもの》を振《ふ》り回して強盗《ごうとう》しようとしている者を暴力を加えて逮捕する行為、これ等も一般市民たちの生活の安寧《あんねい》を護る行為でありますので、これは「善を生んでいる」ということで、その「善」の対価として、彼らにも一定の社会的地位と収入が生まれることになります。

軍隊における善悪を地球レベルで判断するためには

天御祖神　あるいは軍隊でもそういうところはございます。

自衛隊のようなところでも、日本の領土・領空・領海、国民の財産・生命・安全等を侵《おか》すものに対して、自分の命を懸《か》けてそういうものを護るということを職業にしている方は、「一般市民のために自分の命をさらして、身を挺《てい》して護る」ということに対して収入が発生して、彼らにとっての一定の富を生んでいることになります。彼らがそれを「善である」と認識しているかぎりにおいて、その富は正当なものだと思われます。

ただ、軍隊形式においては、ときに、現代社会においては、「民主的な政権を倒《たお》して軍事独裁をなしたものの、庶民《しょみん》の多くは生活に困り、外国から孤立《こりつ》し、そして見捨てられる」、あるいは、「『政治的に、信条が政府の維持《いじ》には適さない』ということで、自由を拘束《こうそく》される」というようなところも出てきます。

その軍隊の善悪を判断するのはとても難しいことではありますけれども、一般的には、先ほど言ったように、自国民の生命・安全・財産等を護るという伝統的な警察行動の一環《いっかん》としての軍隊が、その限度を超えていない範囲《はんい》であれば「善」でしょう。

しかし、国民を暴力によって脅迫《きょうはく》したり、自由を奪《うば》ったり、あるいは国民から財産を収奪《しゅうだつ》したり、あるいは都合《つごう》の悪い人たちを強制収容所に送ったり抹殺《まっさつ》したりするようになれば、一国のなかにおいても、軍隊が「悪」になることはあるでしょう。

そうした、人々の多数の感情から、それは導き出されることであると思います。

一国のなかにおいてはよいことのように宣伝されて、みなもそのように思い込《こ》まされていても、世界二百カ国近い国のなかで、多くの国々から非難されているような国に関しては、もう一段別の観点から、その善悪は考えなければならないでしょう。

もちろん、軍隊に所属している人たちは階級制によって支配されていますので、上にいる者の命令に背《そむ》くことは簡単なことではないと思います。

ただ、やっていること全体が、例えば、正当な理由なく、他国を侵略《しんりゃく》したり、蹂《じゅう》蹂躙《りん》したり、あるいは他国の国民を収奪の対象として目指すようなことであれば、他の国々からも非難をされるような状態においては、これは「悪」と判定されることも多いと思います。

本来、そういう役割も持って、国連ほかの国際機関もつくられたはずではあるけれども、現在は、国連の中心の国々のなかでも意見が対立していることが多くて、善悪の判断ができなくなってきております。

（国連は）スタート点において、「先の第二次大戦における戦勝国を中心のリーダーとする」ということによってスタートしたので、そのなかで意見が分かれてきた。自由主義陣営《じんえい》と共産主義陣営で意見が分かれてきたことにより、国連の常任理事国等の意見が合致《がっち》することができなくなってきている。

そういうことで、例えば最近では、北朝鮮《きたちょうせん》のような、国民の多くが食料に飢《う》えているような独裁国家において、他国を攻撃《こうげき》できるような核《かく》ミサイルの開発等をやっていても、国連において非難決議さえできないような状態が現れてきているわけです。

この善悪を地球レベルで判断するのは、もはや国際機関を超えた判断力がなければならないということになると思います。

そこに本来あるべきは、「神仏の心」です。そういうものが存在しなければならないと思います。

民主主義や修正社会主義の善悪について

天御祖神　また、もう一つは、そうした独裁国家に対立するものとしての民主主義国家もございますけれども、これもまた、「民主主義」という形態自体がすべて善とは必ずしも言えないものがあります。それは、ソクラテス、プラトン、アリストテレス等の見解にも出てくるとおり、どちらかといえば、「最悪を防止する」という意味においては歴史的には役に立った、要するに、「暴虐《ぼうぎゃく》な悪王が出てくるときに、その悪王を追放し、別な王を立てる」という、そういう機能を果たすという意味において、民主主義は機能していたことがある。

あるいは、別の現代的な人に言わせれば、「民主主義は永久革命なのだ」と言われることもありますが、主として機能する場合は、そうした「悪王を追放することができる」という機能です。しかも、「暴力的手段を用いなくとも、投票手段によって追放できる」というところが一つのメリットではある。

しかし、「最善のものを選べるかどうか」というと、これは非常に難しいところがあるかと思います。だから、既成《きせい》の権力等を倒すときに、その既成の権力を倒す側が善であるか悪であるかということの判定は、歴史的にはとても難しいことであります。

そして、既成の権力を倒す場合、出てくるものは、最初は少数であることのほうが多い。それで、少数の間に倒されてしまうこともあるし、それ以上大きくなっていって、多数を形成するところまで持ち堪《こた》えたならば、民主主義的にも「善」とされることもあるが、その前に大きな被害《ひがい》を出して終わることもあります。

それは、例えば中国で言えば、「太平天国の乱《たいへいてんごくのらん》」のようなもので、一八五〇年代に洪秀全《こうしゅうぜん》によって起こされておりますが、「五千万人もの人が死んだ」と言われています。

あるいは、その後の毛沢東《もうたくとう》革命とかもありましたけれども、あれも、何十年かの間、「善」のようにずっと言われてきているし、今の中国でもそのように言われている。〝現人神《あらひとがみ》〟としての毛沢東ということで、民主主義とも合致しているような言われ方はされているとは思いますけれども、現実には「同志たちを数多く殺戮《さつりく》した」ということは遺《のこ》っています。また、「大躍進政策《だいやくしん》」等でも何千万の人が死んでいますし、文化大革命でも一定のイデオロギーの下《もと》に、自分たちの敵になる者を追放し抹殺していったことで、大きな悲劇を生んだことは知るとおりです。

その後、鄧小平《とうしょうへい》以下で資本主義的な面を導入して、「修正社会主義」として、表向き、看板は「共産主義」をあげながら、実際にやっていることは「自由主義」の「資本主義経済」と似たかたちのものを取り入れて、金銭的に豊かになることはいいことだということでやっておりますが、これもまた、これだけで「善」と言えるものではありません。

〝猫《ねこ》がネズミを捕《と》る〟ことは本能かもしれませんけれども、〝ネズミが発生するには理由はあるし、猫が増えすぎてもいけない〟こともあるでしょうから、このへんの調和のところには難しい問題はあるであろうというふうに考えます。

国をつくり、発展させる際に考えるべき二つの観点とは

天御祖神　また、「平等」の考えをめぐっても、いろいろと難しいものはあります。

農村社会においては比較《ひかく》的、平等の考え方はつくりやすいことはあります。それは、お米の収穫《しゅうかく》や農作物の収穫は天候に支配されることが多いので、誰《だれ》にとっても条件が同じように現れるからです。

雨がよく降る年と降らない年、日照りの年もあれば、台風や洪水の年もある。同じように被害が出るし、同じような恵《めぐ》みを受けることがあって、平等の考え方はつ

くりやすい傾向《けいこう》はありますので、「豊作の年と凶作《きょうさく》のときに、共に喜びも痛みも分かち合う」という考え方は成り立ちうる原初的形態ではあると思います。

しかし、またこれも、農業において技術革新が行われていったときには、いろんな差は出てくることになるでしょう。

例えば、ビニールハウスを一つ発明することによって、季節を外れた野菜や果物がつくれるようになるということになってくると、収穫量に違いが出てきます。まあ、そういうようなことだし、肥料というものが開発されることによって、収穫力に変化が出てくることもあります。

また、頭のいい人がマネジメントをすることによって、より大規模な農業を展開して、個人個人がバラバラに働く以上の成果をあげうる場合もあります。この農家のなかの資本家的な存在が、より多くの成果を出して、トータルでは以前よりも全体を豊かにすることもありえます。

かと思えば、農業に素人《しろうと》であるところの政治家が全部を計画経済でやろうとして、先の中国の「大躍進政策」のように、数千万の死者を出すような大失敗を出すようなこともございます。このへんについては、技術的にも難しいところはあるだろうというふうに思います。

ただ、私の考えるところは、少なくとも二つのことについては常に考えておかねばならないということであります。

一つは、「それぞれの国において、国の民草《たみぐさ》、国民が生活をしていけるように、あるいは、少しでも未来がよくなるように、導いていけるような国をつくる」ということは、基本的にはよいことです。

しかし、二番目の条件としては、「その国の発展が、他の国々の発展と調和して、総合的に世界が豊かで喜びに満ちたものになっていくかどうか」という観点も、もう一つはあります。

先ほど述べた軍隊でも、「先軍政治《せんぐんせいじ》」というような考え方もあります。軍隊のほうを先に強くしておけば、他国からの侵略を退《しりぞ》けることができて、場合によっては、

「軍事にかけた予算を、他国を侵略することによって財産に換える、あるいは食料やエネルギーに換える」という経済学も、〝野蛮人《やばんじん》の経済学〟ですけれども、存在することは存在するのです。

ただ、これに対して現代人としては、「言論や思想、あるいは法治国家的なものの考え方や国際法の考え方において、調整していかねばならないところがある」ということを言っておかねばならないでしょう。

最後に、「美」が富になる場合もあります。美がその希少《きしょう》性と需要《じゅよう》の多さから富を生むという点です。

例えば、ダイヤモンドにはその希少性から値打ちが出ます。なぜなら、「見た目に美しい存在」であり、数が少ないことによって、人間がそれに値打ちを見いだしているからです。また、日本の絵画《かいが》の世界では、展覧会等で入賞した著名な画家の場合、「号《ごう》」という絵の単位面積当たりで、とても高い値段が付いて、一枚の絵が何千万円も何億円もするところまで行くことがあります。

3　大きな力を持つ富の両面性

富がつくり出す身分に対しては、何が問われるか

天御祖神　富の概念《がいねん》においても、根本的な人間の問題に戻《もど》りますと、基本的には、下手《へた》をすれば、間違《まちが》えば、唯物論《ゆいぶつろん》と同じ考えになることもあるので、富というのが「真《しん》・善《ぜん》・美《び》」を体現したり、あるいは「真・善・美」以外のものとして、例えば「正義の観点から正しいのかどうか」というようなこともあると思える。

また、富というものが身分をつくり出すこともありますので、「それが適切なプロセスで身分をつくり出しているのかどうか」という観点はありえると思うのです。

日本は「平等な国」といわれてはおりますが、そうした、憲法の十四条で定められている「国民平等」の思想も、最初の第一章が「天皇制」から始まっているので、

すでに平等でないことから話は始まっているのです。ですから、「皇室の存在はいかなるべきや」という問題はあると思うし、現今では、それが問題になっているところではあるかと思います。

昨日《さくじつ》（二〇二一年十月二十六日）は、さる皇室の長女が、民間人と結婚《けっこん》されて、民間に降嫁《こうか》されたニュースが流れておりましたが、基本的な考え方としては、「人間として何をしようが自由ではないか」という考えはあるのだと思います。

ただ、その皇室というのが、「国民の税金によって長年養われている」ということにおいて、特別な身分関係がそこに生じてはおりますので、その部分について、十分にその富に対比されるだけのものがあったかどうかということは言われるであろうと思うのです。

自由には一般《いっぱん》社会においても責任が生じますが、特別な[redacted]た王室とか、そういうものになってきますと、必ずしも、権力が生み出す自由が何をして[redacted]い自由にはならなくて、やはり、多くの人々に認めていただけるような努力をせねば[redacted]

郵便はがき

料金受取人払郵便

赤坂局承認

7320

差出有効期間
2025年10月
31日まで
(切手不要)

1 0 7 - 8 7 9 0

112

東京都港区赤坂2丁目10−8
幸福の科学出版(株)
読者アンケート係 行

ご購読ありがとうございました。
お手数ですが、今回ご購読いただいた書籍名をご記入ください。

書籍名

フリガナ お名前	男・女	歳
ご住所 〒 都道府県		
お電話( ) −		
e-mail アドレス		
新刊案内等をお送りしてもよろしいですか? [はい(DM・メール)・ いいえ]		
ご職業	①会社員 ②経営者・役員 ③自営業 ④公務員 ⑤教員・研究者 ⑥主婦 ⑦学生 ⑧パート・アルバイト ⑨定年退職 ⑩他( )	

プレゼント＆読者アンケート

皆様のご感想をお待ちしております。本ハガキ、もしくは、右記の二次元コードよりお答えいただいた方に、抽選で幸福の科学出版の書籍・雑誌をプレゼント致します。

（発表は発送をもってかえさせていただきます。）

1 本書をどのようにお知りになりましたか？

2 本書をお読みになったご感想を、ご自由にお書きください。

3 今後読みたいテーマなどがありましたら、お書きください。

ご感想を匿名にて広告等に掲載させていただくことがございます。

ご記入いただきました個人情報については、同意なく他の目的で使用することはございません。


ご協力ありがとうございました！

けないというところはあると思うのです。

このへんについて深入りすることは避《さ》けたいとは思いますけれども、「日本国憲法の保障している、そうした天皇制以外のところの人権条項《じょうこう》と、皇室のなかにいる人の人権との整合性の問題」というのは、憲法自体が持っている矛盾《むじゅん》であるので、「憲法のなかにおいて平等権の外にいる人が、日本国民が平等に背負っている責務と権能を有するのか否《いな》か」ということは別途《べっと》議論の余地はあると思うし、場合によっては、それは皇室制度の存続の危機が来ているかもしれないというふうに思えるわけです。

世界的に見れば、そうした王族・王室というのは消えていく過程にはあります。たいていの場合、富の独占《どくせん》と軍事力の行使によって、貧しい多くの人たちが虐《しいた》げられている歴史が多かったので、「革命が起きて、そうした王制が滅《ほろ》び去ってきた」というのが、この近年、数百年の流れでありますので、この流れに抗《こう》して存続していくには、それだけの努力は要《い》るであろうと思われます。

富の一面として表れる「野心」「名誉心《めいよしん》」が肯定《こうてい》される条件とは

天御祖神　ここで次に言っておきたいことは、先ほどから言っていますように、富には「野心」「名誉心《めいよしん》」という面が一面として表れてくることがあるので、「この野心、名誉心というものが肯定《こうてい》されうるものかどうか」というところです。事業家、企業家《きぎょうか》が「その企業を大きくしよう」とする野心を持っていることが肯定される条件はどこにあるのかと。

その企業が大きくなることによって富をつくっても、ほかの人たちがそれによって損をしたわけでもなく、社会が豊かになり、その一部の富がそれを企画した人のところに入ったところで、人々はそれを非難しないような条件ならば、野心というものも完全に悪いとは言えません。

しかし、やや自分のところだけの利益を考えすぎる、あるいは自社の利益だけを考えて、ほかのところを潰《つぶ》してでも大きくしていこうとするようなことをしておるようであれば、これは、時代のなかにおける正当性は問われるであろうと思われます。

さらに、「名誉心」です。富ができることによって名誉の心が出てきます。その名誉が正当なものであるのかどうかということが、一つ問われるわけです。その富は、「生まれによって生じた富なのか」、「その人の勤勉、努力、貯蓄《ちょちく》によって生まれた富なのか」、あるいは「人より譲《ゆず》られて得た富なのか」、「偶然《ぐうぜん》に得られた富なのか」、そういうふうなこともいちおう検討されることでしょう。

また、富があることによって、それが転化したかたちで、例えば、お城だとか、豪華《ごうか》な車であるとか、あるいは、自分たちを護《まも》るための軍隊までいくときもありますけれども、親衛隊のようなものが必要な価値を生んでいるかどうか、そういうところも問われることはあるでしょう。

ですから、貴族たちが自分たちの楽しみと娯楽《ごらく》のなかに生きていて、下々《しもじも》の苦しみや困難に気づいていない状態が続けば、天命が下《お》りて「革命思想」というものが出てくることもあるわけです。

だから、そうした身分によって、あるいは、そうした何か特別な待遇《たいぐう》によって生まれたものは、自明のものだと思っていてはいけないところがあります。

これについては、カースト制とか、インド的な転生輪廻《てんしょうりんね》の思想のなかにも、「前《ぜん》世《せ》で徳を積んだので、今世《こんぜ》はこういう王様に生まれた」とか、「富裕《ふゆう》階級、貴族に生まれた」とかいう場合もあるのですけれども、そういうこともあるかもしれませんが、そうでないこともありえるということも知っておいたほうがいいと思います。

富に関しては、それが大きな力を持つ場合に、人々の助けになる場合もあるが、逆に、この世的な人間として、この世に結びつけられる場合もありますので、両面性は持っているというふうに考えております。

富の再配分によって中流階級をつくるという考えは正しいのか

天御祖神　さすれば、すべての者が、いつも共産主義のように、「平等な財産しかない」、あるいは個人財産、私有財産を否定して、「もう国有財産しかない」というかたちで、また「子供までも、国家が面倒《めんどう》を見る。個人財産なるものはない」というふうな考え方を取る。

あるいは、そういう考え方は取らないけれども、「自由に経済活動はするが、それによって貧富《ひんぷ》の差は開《ひら》いてくるので、これを再配分する」という思想によって、結果的には同じようなことを起こす。

そのように、「富める者から多く取って下に撒《ま》き、富めない者からは取らないで、そして、だんだんに中流階級というか、真ん中へんを増やす」という考えは極《きわ》めて出やすい考え方で、多くの納得《なっとく》を得やすい考えではあるのです。

これは、選挙の投票などにおいては非常に支持を得やすいかたちではあると思うのですが、もう一つ、問題としては、中流階級は〝一瞬《いっしゅん》つくる〟ことはできますが、それを維持《いじ》するのは簡単なことではないということです。少なくとも、先ほど言いました「希少価値のある仕事」というようなことになってくると、「それがみんなと同じ経済的効果を持つということが、はたして正しいのかどうか」という観点も一つあるわけです。

私自身は、（プロ野球選手が）大リーグに行って、ホームランを何本打とうが、あるいは、投手として何勝あげようが、何の関心もございません。ただ、それが記録的にも珍《めずら》しいことであるならば、それを一生懸命《いっしょうけんめい》やっている間に、何らかの本人の満足になるような効果はあってもよいのではないかなとは思っております。

その意味で、「球《たま》を何球投げようとも、投げなくとも、給料が一緒《いっしょ》」ということであれば、例えば、プロ野球のようなものは成り立たないだろうし、マラソンであろうがバスケットボールであろうがゴルフであろうが、ちょっと成り立たない。

将棋《しょうぎ》では、今は、まだ十九歳《さい》の方が三冠《かん》を取って、四冠を目指してやっているところでありますけれども（説法時点《せっぽう》）、このへんの確率になってくると、もう百万人に一人もなかなか行かかない確率になってきます。

ですから、彼がそれだけ強いということに対して、それは、「将棋界、プロに登録している人は、名人であろうが、竜王《りゅうおう》であろうが、四段であろうが、給料は全部一律二十万円でやる」ということは、やはり、何らかおかしいということは感じられると思うのです。

それだけ賞を取って、何冠かを得ようとするなら、それはまた維持すること自体が難しいことですので、勝っている間に、何らかの本人の達成感があるということ自体は、私は決して地獄《じごく》的なことであるとは思えません。

だから、「そんな十九歳に何千万もの賞金は必要がない」という考え方で、バッサリと「一千万円を超《こ》えたものは全部没収《ぼっしゅう》する」というようなことをすることも可能ではありましょう。

ただ、全国の将棋人口は百万人を超えてたぶんいるのではないかと思いますし、将棋に関心のある方は百万人以上あって、アマもいっぱいいるとは思うけれども、そういうふうにはなれないのが普通《ふつう》であるので、何らかの意味で顕彰《けんしょう》されることが、そうしたアマも含《ふく》めて、将棋熱に入っている人のやる気を起こすという意味での善なる効用があるならば、一定の範囲《はんい》での富の配分はあってもよいのではないかなというふうに思っています。

その反面、今度は負け始めたときには、その地位を護ることは大変なことになります。

まあ、相撲《すもう》でも、三十代ぐらいまでやれたらいいほうで、普通は三十歳ぐらいで引退だし、ボクシングでも三十歳ぐらいで引退です。

アメリカなどであれば、ボクシングのチャンピオンなんかになったら、豪邸《ごうてい》に住んで運転手付きです。立派な所に住んで贅沢《ぜいたく》できますけれども、「タイトルマッチで負けたら、とたんにその自宅を売らなければいけない」というようなことは、よく映画でも描《えが》かれているとおりです。やはり、リスクを冒《おか》して成果をあげても、それをまた失うリスクも同じぐらいあるような場合は、そういう社会主義的な、機械的な配分の平等というのは、必ずしも正しいわけではないのではないかと思います。

4　神の下《もと》の民主主義で富を考えよ

格差問題に関する基本的な考え方について

天御祖神　かつて、ロシアが「ソビエト連邦《れんぽう》」と呼ばれた時代においては、オリンピック選手になるのに、国をかけての科学的トレーニングをやらせていて、金メダルを取れば、立派な家と車とお手伝いと、それから、一生暮らせるだけの年金ももらえるということになっておりました。

しかし、メダルを取れなかった場合には、これは、噂《うわさ》レベルではありますけれども、「殺されたり強制収容所に送られたりという恐怖《きょうふ》もあった」とも聞いてはおりますので、オリンピックに来て亡命したりするような人が出てくるような国というのは、あまりその運営がうまくいっていないのではないかと思います。

「金メダルを取る人に、一生の生活を保証する」というのは、それは普通《ふつう》の自由主義国よりも恵《めぐ》まれていることではあろうと思いますが、そういう選手でも、普通は年齢《ねんれい》が来たら引退になりますので、収入をあげる道がなくて、ほかのことをしなければいけなくなる。

相撲《すもう》でも、現役《げんえき》でやっているうちは収入がありますけれども、親方の役職を引き継《つ》げる者はよいとして、そうでない者、中途半端《ちゅうとはんぱ》な位《くらい》でやめた者は、ちゃんこ鍋屋《なべや》をやったりするぐらいが限度で、それも成功するやら失敗するやらは分からないというようなことになっています。

そのように、旧共産主義圏《けん》でも、結果をあげた場合に十分な保障が与《あた》えられる場合もありますけれども、その振幅《しんぷく》が激しすぎるもの、「罪と罰《ばつ》」、それと「栄誉《えいよ》と勲《くん》章《しょう》・富」との間の落差が激しすぎて、人為《じんい》的に考えすぎたものの場合は、ちょっと人間の人権を侵害《しんがい》するところまであったのではないかというふうに思います。

ですから、「共産主義」と、例えば、反共を叫《さけ》んでいたヒトラーやムッソリーニなどの「ファシズム体制」とは当時は違《ちが》うようにも思われてはいたのだけれども、何だか、ポーランドに向けて列車に乗せられたユダヤ人たちがアウシュビッツで降ろされて、裸《はだか》にされて貴金属類を全部取られて、ガス室でみんな殺されていって焼かれて灰になったのは、ある種の共産主義でしょう。

「人間は生まれたときに裸で生まれた。何も持たずに生まれてきて、何も持たずに死んでいけ」というのは、そのとおりかもしれないけれども、「何か人間の尊厳なるものがない。その人がどういう人生を生きたかということに対して、何ら考慮《こうりょ》もされず、ユダヤ人だということだけでそういうふうに殺されて財産を奪《うば》われる」ということは、おかしいことでもあるとは思います。

何事も「中庸《ちゅうよう》」が肝心《かんじん》でして、努力した人に、勤勉な努力と、それからその成果についての、それなりの、ある程度の本人の喜びが与えられる社会はいい社会だと思うし、また、そうしたチャンスが与えられないがために豊かになれなかった方に対しては、別の道が開かれることも大事ではあるとは思います。

ただ、不幸にして、どうあがこうとも水面上に顔を出すことができないような状《じょう》況《きょう》に陥《おちい》ることもあります。そういうときに、例えば、無料で病院で面倒《めんどう》を見てくれるとか、生活の場を与えてくれるとか、食料を与えてくれるとか、そういうものがあれば、それはありがたいでしょう。

今回のコロナ騒動《そうどう》のなかでも、アメリカでも失業者は数多く出ました。だから、フードセンター的なものもずいぶん開設されたし、そういう、食料の補助も援助《えんじょ》もされました。世界でいちばん豊かな国が食料のない人たちで溢《あふ》れました。

また、貧しいアフリカの国などでも、昔から、そういう状態は続いています。「貧しい上に、さらに内戦が起きて戦争ばかりするから、職業に就《つ》いて働く暇《ひま》がない」というようなことだってあります。国がうまくいっていない。

あるいは、あるところではハイパーインフレーションが起きて、お札は紙切れみたいになってしまうところもあります。中南米とかには多いです。

こういうことで、同時代を生きておりながら、どの国に生まれたかによって、ずいぶん差がある。南北問題とか、そうした格差問題というのは、つきまとっております。

これについては、叡智《えいち》を集めて、救うべきは救い、また、富が溜《た》まりすぎている者については、それは、その人の虚栄心《きょえいしん》や傲慢《ごうまん》さや名誉心が堕落《だらく》を生んだり腐敗《ふはい》を生んだり、あるいは人に対する差別や抑圧《よくあつ》や弾圧《だんあつ》に変わっていくようなものであるならば、それを、ある程度の範囲《はんい》内に収めるような努力も要《い》るかもしれません。

ただ、基本的には、やっぱり、「縁起《えんぎ》の理法《りほう》」というものを無視してはならないのであって、個人個人から始まる、その努力とその結果の連鎖《れんさ》を肯定《こうてい》しつつも、それが一定以上の大きさになって、社会的な影響力《えいきょうりょく》を及《およ》ぼすようになったら、「公的なレベルで、それが適正なサイズで適正な行動を取っているかどうか」についての判断は、やはり加えられなければならないだろうというふうに思います。

ネット産業やマスコミ的なものの権力は、どう判定するべきか

天御祖神　さらに、もっと現代的な問題としては、例えば、GAFA《ガーファ》のような、そういうネット産業的なものも、大きな資本を今つくっているし、国境を越《こ》えた権力を持ってきており、これについて、国家主権は侵《おか》されるし、国際法まで侵されるレベルまで来ておりますので、「これが、どこまでその自由を許されるか」という問題はあるでしょう。

例えば、「グーグルとかアマゾンとかを使わずしては生活ができない」というようなことになってきた場合、それは多国籍《たこくせき》にわたって行動している企業《きぎょう》であるがゆえに、それぞれの国法を侵してでも行動し始めるし、富の移動も国を越えて起きてくる。こういう場合に、どうやって判断するのが正しいかというと、これは新しい権力が生まれているわけなので、これについては非常に難しいところでしょう。

まあ、初動期においては、判定するのはかなり難しいことであろうと思います

が、「結果において、どうなっていくか」ということの流れは、やはり、何年か、十年、二十年の間に出てきますので、多くの人にとって幸福でない状態が出てきているならば、それに一定の制約が加えられていくことも必要にはなるかもしれません。

先のアメリカの大統領選などでもあった、その大統領選の前に、特定の情報ツールを片方の候補者には使えなくするとかいうようなことは、これはどうなのでしょうか。投票の自由を侵していることになるのかどうか、やはり大きな問題はあるのではないかと思うし、また、そうした情報操作によって、善悪が逆転した情報操作もできる世の中になっています。

こうした、個人を超《こ》えた、そういう〝機械の力〟が働き始めているので、この時代の正義には、とても難しいところがあるのではないかと思います。

さらには、マスコミ的なものの本性《ほんしょう》には反権力的なほうに動きやすい傾向《けいこう》があるので、既成《きせい》権力のほうを叩《たた》いて反権力のほうに向かう傾向がございます。

映画などもつくっているから分かりますけれども、ハリウッドでやっていることも、日本の映画界でやっていることも、いちおう映画であってもマスコミの一部のような動き方はしているので、「犯罪とか貧困《ひんこん》とかを正当化して、そういう社会をつくり出しているものの悪だけを暴《あば》くかたちが正しい」というふうなかたちで、評価されている面も数多くあるというふうに思います。

ただ、一定以上の影響力を持ち始めると、これも、バランスを持った見方はしなければいけないのではないかと思います。

だから、大きな権力を持っている、例えばハリウッドみたいな映画産業の有名人たちが、特定のイデオロギーのほうに偏《かたよ》りすぎているのであれば、その政治的行動については一定の制約はあってもよいこともあるかもしれないと思うし、「自分たちは大きな富を稼《かせ》いでおりながら、あたかも貧困層の味方であるかのような振《ふ》る舞《ま》いをしている」ということに対する偽善《ぎぜん》性についても、一定のメスは入るべきではないのかなというところもあります。

とにかく、民主主義国家は、本来は「神の下《もと》の民主主義」であるはずではあるのだけれども、「神なき民主主義」になってきておりますので、何とか、そういう、この世的な数の操作による民主主義ではない、もう一段高貴な民主主義を持って、その富がどのように偏在《へんざい》しても構わないのか、その限度があるのかということを考えねばならないと思います。

富の再配分で死滅《しめつ》させてはならない「勤勉の精神」

天御祖神　正直言って、「二百カ国近い世界の国の人たちを、まったく同じレベルの経済状態にする」ということは、先進国の富をもってしても無理だろうというふうには私は思いますし、それぞれのレベルにおいて、まだまだ勉強しなければならないことがあると思うのです。

まだ、「ツチ族とフツ族が鉈《なた》で殺し合ったりするようなことをしていたら、豊かになれない」ということを学ぶレベルの人たちもいるわけであるので、「それを、同じような高度な、例えば欧米型《おうべい》の生活にする」というようなことは、簡単なことではなかろうとは思います。

だから、全部を一緒《いっしょ》にすることはできないけれども、やはり、チャンスを与える努力は必要だし、チャンスを与えるためには、一定の教育というものも必要であるのではないかなと思います。

日本の大きな問題の一つは、「明治以降機能していた教育というものが、だんだん機能しなくなってきている」ということだと思うのです。

明治以降、西洋から取り入れた教育が、実業に就いて成功するための知識になっていた面はあるのですけれども、現時点では、残念ながら、〝化石化した学問〟になりつつあって、大学などで勉強しても、それが役に立っていないところは数多くあると思います。

このへんの〝化石化した学問〟に、例えば税金を大量に投入して、この世的に富を生み出すことができない人間を数多くつくっているということに対しては、やはり、そうした無駄《むだ》をまた排除《はいじょ》しなければいけないし、「方向を変えなくてはいけない」という改革も必要であろうと思います。

いろいろな政党が「富の再配分さえすればいいのだ」と言っているけれども、考え方としては、無駄なところに使っているものについてはやはり削減《さくげん》すべきであるし、「人間社会をよりよい方向に導く方面において富を投入していく」ということは、意義のあることではないかなというふうに思います。

ただ、「そういう再配分システムのなかにおいて、個人個人がやる気をなくしていって、真面目《まじめ》に働いた者がバカを見るというような社会はつくってはならない」ということは言っておきたいと思います。

ソ連や中国が共産主義を理想としてやっていた時代、アメリカと張り合っていた時代、一九七〇年代ぐらいには、「なぜ、個人の私有地を一定限度認めると、そこの生産性が上がるのかということが、学者たちには分からない」というふうに言われていました。

例えば、ソ連でも中国でもそうですが、国有地であるもののうちの十分の一ぐらいを個人の土地として与えると、そこだけ、やたらに生産性が上がってくる。例えば穀物の収穫《しゅうかく》とか果物の収穫とかが上がってくる。

これが社会主義的な学者たちには理解できないと言われておりましたけれども、これには、「人間の意欲、意志、努力、勤勉、その成果、工夫《くふう》」、それから「さらなる創造的行為」、こうした「循環《じゅんかん》」というものを見逃《みのが》しているところがあるのではないかと思います。

一部のエリートが国全体の仕組みをすべて切り回せると思っているなら、それは大きな間違いで、やはり、各人の、個人のなかに、神仏の心の一片《いっぺん》たる〝ダイヤモンドの欠片《かけら》〟があることを信じ、その磨《みが》く方法を教えて、「勤勉が生み出す富というものの大切さ」と「それが人格を堕落させない方向で、より大きな仕事をなしていくということの大切さ」を説くことが大事なのではないかなというふうに思っております。

ですから、基本的には、民主主義的な考え方や一定の再配分についても理解はできるものの、そうした「勤勉の精神」を死滅《しめつ》させるところまでやった場合には、それは間違いであるということは言っておきたいと思います。

5　上に立つ者、豊かな者は「徳」を持て

天御祖神　そして、貧富《ひんぷ》の差が合理化できて、説明できる範囲《はんい》内というのは、やはり、「上に立つ者、あるいは豊かな者が徳を持っているかどうか」ということが結論になると思うのです。

「徳とは何か」ということは、説明は長くなりますから簡単にしか申せませんけれども、徳とは何かというと、やはり自分を修練していく智慧《ちえ》です。自分をよく鍛《きた》え、よく磨《みが》き、よく人のためにつくり上げていくための智慧を持っていることが、「徳がある」ということだと思うのです。

この徳のある人間が社会を発展させていく主導力になっていくことこそ、社会で大事なことであると思います。

だから、未来をどうすればよいかというと、「資本主義の精神を死なせないで、未来をよりよくしていく」ということであるならば、それは、「富をつくっていける人が道徳的にも人々を導いていけるような存在になるよう、そういう教育や道徳や習慣のなかに社会が運営されていく」ということです。

それが、虚偽《きょぎ》の報道や洗脳によって、例えば、北朝鮮《きたちょうせん》や中国のように、虚偽の報道によって一方的につくられた偶像《ぐうぞう》がそうなっているのであってはいけないのであって、「真実でもって、真実語でもって人々を導くべく、導いている人たちが、人の上に立っている。そして、ある程度のその豊かさを人々に教えることができるし、その方向を指し示すことができる」、そういうことが大事なのではないかと思います。

私は、富んでいる人たちが人々を道徳的にも引っ張っていけるような社会が大事だと思うし、「この世における金銭が幾《いく》ら貯《た》まろうとも、結局、百歳《さい》内外で死んでいくときには、すべてを置いてこの世を去っていかねばならないのだ」ということを常に意識しながら、仕事に邁進《まいしん》していくことが大事であると思います。

さらに、「自分で責任が取れることは自分でする」、あるいは、「自分が自分の家族に責任を取れる範囲内で、やはり働く義務はある」ということが大前提です。

例外に関しては国家や地方が面倒《めんどう》を見なくてはいけないこともあるし、もし「外国が戦争を仕掛《しか》けてくる」というようなレベルになりましたら、もう個人ではいかんともしがたいことがありますので、それについては、やはり、「国全体で、共通善としての文化を保護する。護《まも》り抜《ぬ》く」ということも大事ではあるのではないかと思います。

「先の大戦において日本が侵略《しんりゃく》した」という自虐《じぎゃく》史観もけっこう長く流れましたが、今、中国、北朝鮮、ロシア、それから、もちろんアメリカもそうですけれども、「極超音速核《ごくちょうおんそくかく》ミサイル」を撃《う》てるようになってきております。

こんな、もう防衛して撃ち落とすこともできないようなものをガンガン実験し、宇宙ステーションも打ち上げたりしている時代において、すごく時代遅《おく》れのことを議論し、選挙をやっても、表向きだけいいことを言って本当のことは言えないような世の中が、日本にできております。

これは、ぜひとも、「国民と国家とを、よい方向に導きながら護るということは大事なことであり、侵略を旨《むね》とする行動原理を持っている国家には、一定の反省を求めなくてはならない」ということをやはり打ち立てるべきではないかと思うし、「そういう行動は、究極において富を生み出さない」ということを、彼らに知らしめる必要はあると考えております。

軍事力を富に変えていこうとするような考えは、もう野蛮《やばん》な海賊《かいぞく》たちの考えとやはり変わらないことであるので、「人間として平均以下である」ということを知らしめる必要はあると思います。

そうした、先軍政治が勝利するようなことを考えているところに対しては、私《わたくし》は今世紀中に必ず鉄槌《てっつい》を下すつもりでおります。

ただ、彼らに鉄槌は下しますが、（鉄槌を）下して利益を得る側の人たちも、また同じような道を歩まないように、自分たちを常に鍛錬《たんれん》しつつ、徳への道を歩むことが大事であると思います。

これが今日の話です。ありがとうございました。

第3章

「減量の経済学」

―やらなくてよい仕事はするな―

二〇二一年十一月十日　説法《せっぽう》

幸福の科学　特別説法堂にて

1　無駄《むだ》なものを省くことの大切さ

二宮尊徳《にのみやそんとく》のもう一つの「湯船のたとえ」

本章は、「『減量の経済学』――やらなくてよい仕事はするな――」という題を出してみました。この題を一週間ぐらい持っていたのですけれども、けっこう難しいのです。

部分的に切り取ると間違《まちが》った理解をされる可能性が高いので、今の時代にどういうふうに話ができるか分かりかねるところがあるのです。できるだけ理解していただけるように話をしようと思っているのですけれども、これも、ある側面から見た、今、政府が考えている「新しい資本主義」への見方・答えの仕方の一つです。ただ、誤解されやすいので、上手に話をしないといけないかなと思っています。

この題というか、こういう話が要《い》るかなと思いついたのは、もうちょっと前なのです。十月、二宮尊徳《にのみやそんとく》神社にお参りに行きまして、そこで、いろいろなものが出ているのですが、尊徳先生の教えの大事なところを切り取って紙に書いたりして、売り物にしたりしているわけです。

まあ、尊徳先生の教えで私がよく使っているのは、たらいの教えなんかをよく使っているのですけれども――「たらいのお湯を自分のほう、手前に寄せようとすると、お湯は逃《に》げて向こう側に行ってしまう。ところが、向こうのほうにやろうとすると、グルッと回って戻《もど》ってくる」というような教えです。

これをよく使ってはいるのですが、これは何を言っているかというと、「与《あた》える愛、奪《うば》う愛」の考え方でもあるし、経済的に見れば、利益やサービスについての考え方になると思うのです。

だから、「自分だけガッポリ儲《もう》かって、他人《ひと》は損してもいい」とか思って、自分のところだけに集めようとしていると、逆に水は逃げて向こうに行くけれども、

「お客さんに便利になっていただこう」とか、「もうちょっと儲けていただこう」とか、「お客様の健康になるだろう」とか、「将来にとっていいだろう」とか思うようなことを仕事としてやっていると、それは客のため、〝情けは人のためならず〟で、自分に返ってくるということです。

「そういうかたちでの、ギブした者はゲットし、ゲットしようとした者はギブしなければいけなくなるという、反対の経済学が実際にはありうるのだ」ということはよく言っているのですが、これとは違うもう一つの教えを、尊徳神社のパンフレットのなかから頂いたのです。

それは、尊徳先生が言った言葉のなかで、「大人がお風呂《ふろ》に入って、『お風呂の湯が足りなくて、肩《かた》まで浸《つ》かれない』というようなことばかり言う。しかし、お風呂の湯船のなかでしゃがんだら、湯は上まで上がって肩まで浸かるんだ。なのに、立ったままで、肩まで浸かれないということで文句《もんく》を言って、『もっと湯を増やせ』というようなことばかり言っている。しゃがめば、それで十分に肩まで入るようになるんだ」というふうなことを言っているところです。

考え方を変えれば「余ったもの」が出てくる

確かに、西洋型のホテルなどに最初に泊《と》まり始めたときには、バスタブがあまりに浅いのにちょっと驚《おどろ》いたことはあります。日本のお風呂はたっぷりとお湯があるのに比べ、体が浸からないで、横に寝《ね》そべらないと肩までなかなか入れないので、温まらないみたいなところがあって、シャワーがほとんど主体だということなのですが、不便です。

浅いから体が浸からないし、シャワーを使うらしいけれども、シャワーで体を洗ってしまうと、湯船に溜《た》めたお湯はこれまた石鹸《せっけん》だらけになるから、「ここの石鹸だらけのなかに入って、これで寝そべって温まるのかな。何という不便なことをするんだろうな」と思って、最初、違和《いわ》感を覚えてしかたがなかったのです。まあ、西洋型のホテルの湯船でも、ちょっとは、昔よりはだんだん底が深くなってき始めてはおります。日本式ほどにはならないのですけれども。

日本式ほどの深さ、マンションのお風呂ぐらいの深さになってくると、これはもう、ホラー映画の「貞子《さだこ》」とか「リング」の類《たぐい》で、「マンションのお風呂から手が出てきて、つかんで引きずり下ろすなんて、そんなのあるわけないでしょうが」というようなホラーが成立するわけです。

普通《ふつう》はありえない話です。昔のお風呂でもちょっとあまり……、ただ、昔のトイレはありえたのです。外に出て庭にトイレがあるような所です。「便所があって、そこに行って、夜暗くて寒くて、こわごわ行ったら、出てくる」というのは怪談《かいだん》であったのですが、お風呂はそんなにはなかったのです。なぜかというと、透明《とうめい》だから、下に幽霊《ゆうれい》とか怪物が潜《ひそ》んでいるというのはあまりありえないことであるからです。

けれども、だんだん、バスクリンとか、そういういろいろなものを使ったりして、底が見えないような湯も使うようになったので、湯船が深くなれば、下から手が出てきて引きずり込《こ》むとか、髪《かみ》の毛がバラッと出てくるとかいうホラーが出てきたのです。イージーなつくり方ではあるでしょう。セットが少なくて済みますから。お風呂で出てくるのはそれなりに怖《こわ》いし、一人暮らしも多いですから。

そういうのもありますが、この〝湯船の深さ〟のことを、尊徳先生がちょっとおっしゃっていたのです。

では、なぜそれを言うのでしょうか。「なかへ入ったら、肩まで浸かるお湯はない。しゃがめば肩まで入るから、それで十分なんだ」となぜ言うかというと、「そういう考え方が行き渡《わた》れば、実は、あっちにもこっちにも余剰《よじょう》なものがいっぱい出てくるのだ」というわけです。

「溢《あふ》れていて、実は物余りになってきて、お金も余ってきて、その余ってきたものが、足りないところ、不足しているところが当然ありますけれども、そこに行き渡ってきて、みんなが、要するに湯船に浸かれるようになるんだ」と。

だから、これはたとえです。もののたとえです。

立ったままで肩まで浸かれるお風呂というのを考えると、私が入ったことのあるのは、話をしたこともございますが、防衛大学で入ったことがあります。こういうお風呂は、ほかではちょっと経験がありません。

自分の家も、檜《ひのき》風呂を離《はな》れにつくったときには、風呂番は私だったので焚《た》いていましたけれども、やはり立っては温まることはできなかったのです。深さはそこそこありましたけれども、そこまで水の量を増やすと、湯加減をよくするのにそうとうの燃料を食いますので、なかなかいかなかなかったのです。

防衛大学に行ったときだけ、立ったまま肩まで浸かる風呂があるというのを初めて経験したのですが、なぜ行《い》ったかというと、剣道部《けんどうぶ》の試合で行ったのです。江《え》の島《しま》まで、重い竹刀《しない》と防具を担《かつ》いで、電車を乗り継《つ》いで行きました。先輩《せんぱい》の分まで担がされて、二人分を担いで行って、防衛大学で竹刀でバシバシ殴《なぐ》られ、終わったあとは、「ちょっと快適にしてください。お風呂、どうぞ」ということで入れてもらったら、なんと、首までの深さがあるお風呂に入ったのです。「彼らはこんなところに入っているんだ」という感じで、風呂は大きかったのですけれども、深かったのです。

自衛隊式なのです。自衛隊も深いお風呂をつくるのですが、もしかして立ったままズボッと入《はい》れると、早くて済むのかもしれません。座《すわ》って温まるとゆっくり時間をかけられるから、早く入ってもらわないと困るので、熱くして、深くして、早く入れ替《か》わるようにしているのかもしれません。

それは一回しか経験はないのですが、(尊徳先生は)「そういうふうにしたがるものだ」というようなことを言っているのです。

しかし、もしそれを、「座ったら肩まで入るお湯にすれば、半分ぐらいで済む」ということです。「そういうものの考え方をするようになったら、いろいろなもので『余り』が出てくるのだ」ということなのです。

2 「要《い》る」と思っているもののなかにある「無《む》駄《だ》」

一日の時間の使い方において無駄なものはないか

例えば、「家計で、これだけどうしても要《い》るんだと思ってやっているもののなかに、余分なものがあるのではないか。もしかして要らないものに使っていないかどうかと考えると、実は出てくるのではないか」ということです。

それから、「仕事で、絶対これは要るんだと思ってやっている仕事のなかに、実は無《む》駄《だ》なものがあるのではないか」というようなこともあるわけです。

それから、機械が進化していったら、もう、すぐに買い替《か》え買い替えをして、新しいものに飛びつく。メーカーもそれを狙《ねら》っていますけれども、毎年毎年、新しい機種を出されると、毎年毎年買い替えをして、金を使って、旧《ふる》いものはこれまたゴミの山で、これをどうするかが、また次の難題になるわけです。解体して貴金属だけ取り出したり、ゴミ捨て場に苦労したり、いろいろしています。

燃料だって、無駄なものはおそらくはたくさんあるでしょう。

食料だって、たぶん日本やアメリカであれば、四分の一ぐらいは捨てられているはずです。レストランでもホテルでも、それから家庭でも、そうです。

アメリカ人なども、そうです。だいたい食べすぎてオーバーカロリーです。最近、海外に行っていないからよくは知らないけれども、若いころ、海外の保養地なんかに行くと、夫婦揃《ふうふそろ》って百キロを超《こ》えている。やはり夫婦は同じものを食べているから、同じようになるのでしょうけれども、百何十キロかで夫婦で歩いている。すごいです。

お相撲《すもう》さんみたいに歩いている人がいるのだけれども、「どんなものを食べているのかな」と思って見たら、食べるわ食べるわ、すごいのを食べているのです。だいぶ残してもいるし、さらにデザートになってまた、山盛りの、「デザートだけでもお腹《なか》いっぱいになるだろうが」というようなパフェみたいな、ものすごいのを大きいスプーンで食べているので、「それは太るだろうな。百何十キロになるだろうな」と。

すると、次に第二次マーケットができるわけです。この糖尿病《とうにょうびょう》、肥満を治すための薬とか、ダイエットのフーズとか、トレーニングジムだとか、いろいろなもの、二次産業が発生して、そういうふうになっていくわけです。

四分の一ぐらいはたぶん捨てているのだけれども、その捨てている分だけあれば、実は世界の飢餓《きが》人口のところの食料は埋《う》められるといわれているわけだけれども、なかなかそうはいかないものです。

そんなふうなことはあるわけですけれども、この無駄な部分はそうとうあるだろうと思うのです。

言いにくいことは言いにくいのですが、「一日の時間の使い方を見て、無駄なところはありませんか」と考えてみる、あるいは、「自分がこれはどうしてもやらなければいけないものだと思っていたもののなかに、無駄なものはありませんか」というようなことを考えてみますと、けっこうあるのではないかなというふうに思うのです。

勉強のなかにある無駄《むだ》なものの例

例えば、受験みたいなものを取っても、中学受験をするために、もともとは小学校四年ぐらいから塾《じゅく》とかは勉強を始めていたのですけれども、ほかの塾が小学校三年から始めると、やはり三年まで下ろさなければいけなくなって、三年まで下ろすと次は二年まで下ろして、二年になったら、ほかとの競争で一年まで下ろしてということで、下手《へた》をしたら、「小学校六年間、中学に入るためだけの勉強を塾でやり続ける」みたいなことをやらされています。

「要るか」といったら、要らない。実際は要らないのですけれども、先をやっている人が「できる」ように見えるので、ついついやってしまう。

そして、プリントの山でしょう。六年間に使うその塾のプリントの山は、それはそうとうなゴミでございましょう。はっきり言ってゴミです。ただ、やってもやっても忘れるから、また繰《く》り返しやらなければいけないということは、いっぱいあるわけです。私のところの子供たちにもやらせたことはあって、塾に行かせた子もいるのですけれども、あるところに行くと、プリントが出すぎるので、小学生だって全部はとてもできないし、母親は、「算数とかが難しすぎて、もうよく分からない」と言うのです。

今はどうか知らないけれども、当時は塾の費用が月八万円ぐらいかかりました。月八万円をかけてやるから、プリントをいっぱい出さないと、お金を取っている感じがしませんから。

夕暮れどきになると、ある有名塾の所にはベンツがズラッと並んでいました。送り迎《むか》えです。お坊《ぼっ》ちゃま、お嬢《じょう》ちゃまを塾に送っていく。そして、もうお母さんは教えられないから、弁当の時間に弁当を差し入れるとかいうことはやったみたいですけれども。

　そして、家庭教師を雇《やと》う。家庭教師といっても科目によって違《ちが》いがあるので、少なくとも二種類ぐらい、算数系と国語系、あるいは理社科をやる場合もありますけれども、要る。

　ただ、その人だけでは出ているプリントを全部こなせないので、そのなかに週に一回だけ、今度はチューターの家庭教師が来るわけです。週に一回は来て、その塾で出た宿題の山を見て、「これはやったほうがいい。これはやらなくていい」というのを仕分ける。本人の学力と能力と志望校を見てでしょうけれども、やらなくていいものを間引《まび》く仕事があって、それだけで一日いて、まあ、この人がいちばん高いのですが、その人が仕分けしたものを、ほかの下請《したう》けの家庭教師が教えるみたいなことをやって、勉強する。

　そして、私立中学も受けるけれども、今はちょっと下がってきているところもあります。国立の中学にも難しいところがあったりして、国立の中学のほうが大学の難関校の合格率が高かったら、私立に受かったけれども、国立に入る。

ところが、国立に入っても、勉強のできる子を取っただけで、内容は普通《ふつう》の公立と変わらないようなものもけっこうやっているので、それで中学・高校の塾に行きますと、「学校の授業は捨ててください」と塾で言われるわけです。「やっても無駄《むだ》ですから」ということで、「学校の授業は捨ててください。塾に合わせてください」と言われる。

だから、塾からもらったプリントと、週例テストみたいなのに名前を載《の》せることに一生懸命奔走《いっしょうけんめいほんそう》して、自分に要らない科目の時間にサボって、学校の図書館で塾の予習をしたり宿題をやったりしている。学校の昼間の時間が無駄で、そのあと帰って、夜、塾でやっている。

こんなことをやっているうちに、頭のいい子を集めてやったはずなのですけれども、長時間の勉強をやりすぎて頭が疲《つか》れています。だから、「もう合格さえすれば、あとはフリーパスでいろいろなところに入れる」というような幻想《げんそう》を持つわけですし、持たせます。塾とか、そういう学校もそうですけれども、それを持たせる。そして、一流大学とかに入ったとして、そのあと、卒業までなかで遊んでいる人もいます。入った段階で遊ぶ人もいるし、就職が決まった段階で遊ぶ人もいますけれども、「これだけ勉強して、小学校からずっとやったので、大学を卒業したらもう遊んで、ただただ出世できるようなコースがあってもいいじゃないか」と思いたくはなるでしょう。

ところが、実際は、実社会に行ったらまたゼロに引き直されて、「もう一回勉強をやり直し。仕事の勉強をやり直し」となったら、もうやる気が起きないということで、もう「バーンアウト症候群《しょうこうぐん》」、〝燃え尽《つ》き〟です。

要するに、つまらないプリントをあまりやりすぎたために、もう頭に入ってこないわけです。

「勉強したくない。遊びたい。社会人になったんだ。これで酒を飲んで、マージャンをやって、ゴルフをやって、それから女の子のいるところに行って、遊んで暮らして、出世する」と。「もう出身校を見て、それだけで出世を決めたらいい」と、こういうふうな時期も、戦後、高度成長期のなかには出てきておりますが、今はそれだけでは、学歴をつけても、卒業したあと、出世の保証は全然ない。

逆もあって、バーンアウトして、やる気がもうなくなっている人も多いし、また、邪険《じゃけん》に扱《あつか》うと、すぐプイッと怒《おこ》って辞《や》めてしまう人も多くなっているし、さらには、もう一回ゼロに戻《もど》されるというのが嫌《いや》という人も多い。

でも、よくよく聞いてみると、もうすでに、難関中学や高校あるいは難関大学に入ったあと、ゲームに熱中したり、遊びに熱中したり、男女交際に熱中しているばかりだった人もいっぱいいるわけで、過去の遺産で食っていこうとしている。

だから、残念だけれども、「大学では体育会系ぐらいであまり勉強していなかったような人のほうが、会社のほうは教えやすい。よく言うことをきく」ということで、重宝《ちょうほう》したりすることもあって、逆転する。「あれっ？ あいつ、成績は悪かったのに、なんで出世した？」というようなことだって起きることもありますし、社会人としての作法《さほう》を習うのに、頭《ず》が高くてなかなか入ってこないという人もいます。

それから、難関大を出た方の場合は、とにかく細《こま》かい引っ掛《か》け問題とかに強い人が多くて、世間《せけん》がすべて引っ掛け問題に見えてくるのです。

だから、情報などがストレートに通らないで、「全部嘘《うそ》かもしれない。間違いかもしれない。自分を陥《おとし》れようとしているかもしれない」みたいに思って情報を取ると、解釈《かいしゃく》が違ったり、上司が言うことでも「うん？」とか、同僚《どうりょう》が言うことでも「おかしいんじゃないか」とか、みんな疑い始めると分からなくなってくるようなところもあって、素直《すなお》に入らないことがあります。

また、他人《ひと》の欠点を責めるのがとても上手になるのです。ミスをなくすことをやりすぎたために、今度は欠点を責めるのがうまくて、他人様の悪いところを一生懸命責めるので、結果、人が使えないとか、チームワークを組んで一緒《いっしょ》にやれないとかいうことが多くなって、「勉強したから優秀《ゆうしゅう》で、（人を）使ってくれなければいけないはずなのに、あの人がいると、下が言うことをきかない。周りがチームを組んで一緒にやれない」みたいなことが起きるようになってくるのです。

　このへんで、すごい無駄、知的なレベルでも無駄はそうとうあるのではないかなというふうに思います。頭を疲れさせて、遊びへの衝動《しょうどう》を焚《た》きつけているという感じでしょうか。こういうことはそうとうあると思います。

　それから、大学の勉強とかでも、「先輩《せんぱい》たちがいっぱいいて、過去の問題を教えてくれて、模範《もはん》解答まであって、それを暗記して書いて、成績がよければいい」ということ、「就職するときには関係ないだろう」というような方もいます。

　あるいは、高校あたりでも、もう中間テストや期末テストの対策までやっているような塾とか予備校もございますので、塾が、先輩たちに受けたテストの問題を出させているわけです。

　だいたい、学年が変われば初めてですから、「前年度の試験とか、前々年度の試験をそのまま先生が出してくると、そこの塾に通っている人だけ、点数がものすごく高い」みたいなことになります。まあ、そんなことをやっても本当の学力でないことぐらい分かっているだろうに、そういうことをやっているところもあります。

だから、そういう勉強にも無駄があるのです。

仕事のなかにある「無駄《むだ》」、大きな会社のなかにある「余剰《よじょう》」

仕事のなかにも、当然、無駄《むだ》はいろいろあるわけです。

会社に行って、八時間仕事をして、あるいは、もうそれ以上、十時間とか、もっとやっていたかもしれないけれども、無駄はたぶんあったでしょう。

コロナ・パンデミックが流行《はや》って、「自宅で仕事をしろ」と言われて初めて、「あらっ？ 仕事って、あるようでない。〝ないようである〟ようで、〝あるようでない〟ようで、あれっ？ もしかしたら要らないかもしれない」という恐怖《きょうふ》を感じながら働いていた方は多かったのではないでしょうか。

だから、「上だけブレザーを着て、下はパジャマのままで、パソコンを睨《にら》んでやっている」とかいうようなこともよく聞きます。

「では、通勤が要らないこともあったのか」ということになると、「そうすると、これは電車もバスも要らないかもしれない」というような感じになってきて、「何だか怪《あや》しい。仕事そのものがあるのかないのか」と。

だいたい、本社に三万人とか五万人とかいるような会社だったら、万の単位で、実は「余剰《よじょう》人員」と「窓際《まどぎわ》人員」がいるということです。ほとんどそうです。

そして、小さいところに出せないのです。小さな、地方の営業所とか出張所とかに出すと、仕事ができない人がいると周りをものすごく引っ張り込《こ》んでしまって仕事が進まなくなるので、置いておけないのです。小さいところに置いておくとすぐ分かるので、本社にとにかく放り込んでおけば何万人もいるので分からないから、そこへ放り込んで、失業対策でいつも抱《かか》えているようなことがあります。

だから、「役職が増えれば増えるほど、同じものを読むだけの仕事がいくらでも増えてくる」と、こういうことです。そんなことがあります。

それを避《さ》けようとして、若返りをかけたりすることもあるのですが、これもまた、それなりに難しいことがあります。

若くしていったら、平均賃金をちょっと下げられる面もあるのです。ただ、逆に、ある意味での見識とか経験がないのに、その立場に立っているようなこともあって、仕事の付加価値が十分でない場合もあります。

このへんは微妙《びみょう》なところで、まあ、全体的に、今の流れのなかでは、ちょっと若返りは進んでいるのかなと思います。銀行などは、昔はもうちょっと年を取っていたものですけれども、少し若返っております。週刊誌なんかを読んでみても、例えば、当会のメイン行である三井住友《みついすみとも》グループのところを見てみたら、フィナンシャルグループの社長も、銀行のほうの社長も、私の一年下ぐらいの卒業になっていますから、昔に比べれば、かなり若返ってはいるかなとは思います。

だいたい財閥《ざいばつ》系だと、非財閥系に比べると十年ぐらい最終の出世が遅《おそ》くなるのが普通だったので、六十ぐらいでやっと取締役《とりしまりやく》が出始めて、社長になると、やはり六十八からあと、七十ぐらいにならないとなれないのがそうだったのですが、ちょっと若返っています。

だから、五十代ぐらいでやらせているところもありますし、そのへんの危機は感じてはいるのだろうと思います。

とにかく、仕事でも余剰は生まれるものなので、尊徳先生の、「立ったままで『肩《かた》まで浸《つ》かろう』と思うな」と、「『しゃがんだら肩まで入れば、いいんだ』と思え」という考え方を応用してみると、実は無駄なことがそうとうあるかもしれないという目を持ってほしいのです。

3 バラマキや社会福祉《ふくし》が招く「隷従《れいじゅう》への道」

「成長」を少し言った自民、全体に「分配」一色だった野党

なぜこれを言うかというと、最近の衆議院選挙（二〇二一年十月三十一日投開票）がありまして、各政党がいろいろなことを言っておりましたが、おおむね、〝バラマキ政策〟をどこも言っていて、〝バラマキ〟のかたちとか額とかがちょっと違《ちが》うぐらいのことでした。

自民党は唯一《ゆいいつ》、「成長」を少し言っておりました。「成長と分配が必要だ」ということを言っていましたが、よく数えた人がいるもので、「岸田《きしだ》総理の言葉・選挙演説を分析《ぶんせき》していると、最初のころは『成長を五、分配を三』ぐらいの率で街宣《がいせん》をやっていたのが、終わりのほうのになってきたら、もう成長しか言わなくて、分配は

言わなくなった」というようなことをカウントしている人もおりました。

野党は全体に「分配」一色でしょう。唯一、日本維新《いしん》の会が、「経費削減《さくげん》」のことについて、「大阪《おおさか》府や大阪市の実験結果もあるから、無駄《むだ》な二重行政はやめて、税金を使うのは減らそう」とやっていたところでした。それをちょっと言ったので、「（議席が）三倍超《ちょう》に伸《の》びた」と言っているのは、たぶん、それに反応した国民がいるのだろうと思います。「経費削減せよ」と。

あとは、〝バラマキ〟のほうで票が入っています。

今日（二〇二一年十一月十日）の時点ではまだ決まっていませんけれども、自民が連立をしている某《ぼう》宗教政党が、「十八歳《さい》までの子供に一律十万円給付」みたいなことを、こればかりを選挙のときに言っていました。「これで百万票増やした」というようにやっておりましたが、ここも、責任のない政党だなと本当につくづく思います。いつもこれです。

これは、でも、内部的な意見としては合っているのです。信者のお布施《ふせ》を集めて、それを選挙資金に投入している、その活動資金なので、「選挙活動をしたら、何かご利益《りやく》はあるのか」と、みんな考えますから、そうしたら、「十万円配ります」ということで、「それだったら元を取れる」と。

「うちは子供二人だ。ああ、では二十万」「子供三人で三十万入る」と、「選挙活動をしたら、二十万も儲《もう》かる」「三十万儲かる」というように、現金が来るわけですから、そういうことで、見返りがちゃんと手に入るということです。

まあ、はっきり言えば〝買収〟ですが、大人にお金を配ったら、ちょっと〝買収〟が見え見えになりすぎるけれども、実際は、「選挙権を持っていない子供にお金を給付する」と言えば、「あっ、子育て支援《しえん》だな」と、あるいは、「少子化から、子供を増やそうとしているんだな」というふうに解釈《かいしゃく》することができるので、〝買収〟にならないのです。

でも、子供はもともと収入はありません。収入のない人にお金をくれるわけですから、結局、親の懐《ふところ》が豊かになるだけで、買収と結果的には変わらないわけです。

まあ、そこだけではなくて、ほかのところも、言っていることは一緒《いっしょ》です。ここが「十万」と言ったから、「二十万」と言ったところもあるし、さらには、「子供一人を産んだら、一千万くれる」というところもあったし、あるいは、「経済成長が二パーセントに達するまでは、もう金を撒《ま》いて撒いて撒きまくったらいいんだ」と言っているような政党もございましたけれども、みんな何か、箍《たが》が緩《ゆる》んでいます。

全体主義や社会主義は「働きバチ」や「奴隷《どれい》」の世界

だから、基本は「働かざる者、食うべからず」なのです。働かない者には収入がないのです。

あの世では、お金は流通していないところがほとんどです。この世に近いところには一部あるかもしれないけれども、普通《ふつう》はありません。

ただ、この世に生まれた以上は、肉体というものを持っている以上、これは馬や牛と一緒ですから、餌《えさ》を与《あた》えないと生きていけません。だから、餌代は稼《かせ》がなければばいけないということで、働いて収入を得ないと生きていけないようになっているわけです。これは、この世の修行《しゅぎょう》の一つでもあろうかと思うのです。

「何もしないでも、お金が天から降ってくる、ヘリコプターマネーみたいなのが降ってくる」、あるいは、「経済成長が一定になるまで、あるいはインフレ率が一定になるまで、ただただ金をばら撒いてくれる」みたいな政策はありがたいと思うかもしれませんし、あるいは、「お金を一円も使わなくても全部、国が面倒《めんどう》を見てくれる」ということで福祉《ふくし》大国になって、「お金は要《い》らないんですよ」というようなところが天国に見えることもあろうかと思います。

しかし、この世での魂《たましい》修行ということを考えてみると、働かなくても、いくらでもお金はくれるし、「子供は、もう親のものではなくて国家のものなので、国家が面倒を見て育てる」というような感じになってくると、進化しているようにも見えるのだけれども、気をつけないと、働きバチ・働きアリの世界によく似た形態になってくるのです。

あるいは、「スター・ウォーズ」の世界で言うと、もう、みんな軍隊の白いヘルメットに、白い鉄だかプラスチックだか知らないけれども、軍隊用のコスチュームを着て、機関銃《じゅう》か銃みたいなものを持っている者ばかりがザーッと行《い》っていますが、軍隊のスタイルは基本的には「全体主義」というものでしょう。

宇宙人でいくと、「グレイ」という大きなアーモンド型の目をした百二、三十センチぐらいのサイボーグを使っているとよくいわれていますが、これはお互《たが》いに区別がつくのだろうかと思うような顔形《かおかたち》なのですけれども、こんなのばかりが仕事をしているようになってきて、いわゆる「全体主義」にちょっと近い感じにも見えるところもあるのです。

ただ、人間をそういうふうなかたちで使うということになりますと、「ロボット」とか、「サイボーグ」とかと変わらなくなっていく面はあるのかなというふうに思うのです。

だから、所有者はいるのですけれども、働くのは、所有者ではない人たちが働いている。そうすると、「人間をみんな平等にして、共産主義的な社会、あるいは共産主義まで行かなくても、社会主義的な社会になった」と見せることは簡単だけれども、いや、それは「社会主義になったのではなくて、人間から〝ロボット〟になった、人間から〝サイボーグ〟になった、人間から〝働きアリ〟になったということです」という感じになるのです。

まあ、わりあい、そちらの方向に向かって進んでいるように見えます。そうしたことが、いいように見えているらしいのです。だから、収入なくして養ってくださる〝ありがたい〟国家や地方自治体があれば、もうそれが「地上の楽園」のように見えるけれども、気をつけないと、これは飼い犬とか飼い猫《ねこ》とかウサギとか籠《かご》の鳥とかと変わらなくなる可能性がありますよということです。

彼らは餌《えさ》をもらっています。稼いでいませんから餌をもらっていますけれども、「飼い主に食料とか水とかをあてがわれて生きている、これに近くなってきますよ。これは、ハイエクなどが言っている『隷従《れいじゅう》への道』と一緒ですよ。喜んで奴隷《どれい》になろうとしてはいけませんよ。自由意志を失ったら、人間は奴隷になりますよ」ということです。

自由意志を失って、全部が同じような、例えば家を与えられ、同じ食料を与えられて、やったら、これは監獄《かんごく》の囚人《しゅうじん》と変わらないでしょう。違ったかたちになっているだけです。

「監視《かんし》社会」「極度管理社会」を理想化する危険な傾向《けいこう》

そして、監視《かんし》社会になる。刑務所《けいむしょ》も、監視されていますから監視社会です。それから、厳しい戦争か何かがあるようなところの収容所なんかに行けば、「トイレも一日に二回しか行けないと決まっている」とか、そういう所もあります。

「こういう、極度管理社会のなかで、自由意志のない〝生存が許されているという〟だけの社会〟が望ましいと思いますか」ということについては、常に疑問を投げかけておかないと、人は易《やす》きにつくので、「お金が降ってくる」とか、「食事がタダでもらえる」とか、「何でもタダで手に入る」「老後の面倒も見てくれる」ということになると、「老後の面倒を見てくれるなら、子供なんか要りやしない。親戚《しんせき》付き合いも要らない」「結婚式《けっこんしき》も葬式《そうしき》も要りやしない。法事も要らない」、そういうふうになってきます。そういう意味で、付き合いが切れていきます。

さらには、「夫婦《ふうふ》になったからといって、姓《せい》を夫か妻のほうに合わせなければいけないのは、これは仕事がやりにくくなるから別姓のままでいいじゃないか」ということになってきます。

中国などでは同族婚は嫌《きら》われるから、結婚しても夫婦で姓が違いますけれども、（日本でも）そちらの社会のほうが理想のように運動していて、今回の選挙を見ても、〝夫婦別姓・別称《べっしょう》に反対している人は落とそう運動〟をやっていて、何か〝ヤシノミ運動〟とか言うらしいのですが、落とす運動をやっていました。

それから、〝最高裁の判事に不適格の人〟にバツを付けるのは、これも「夫婦別姓に反対しているタイプの人とかにバツを多く付けよう」という運動をやっていたようで、やはり、率が少しだけ多かったようではあります。

実際、最高裁の判事がやった仕事で、個別に、事案の何がいいか悪いかなど、確かに分かりません。私も判例なども読んだし、法律の勉強もしたけれども、それは新聞で各裁判官の出した判決を要約して載《の》せられていても、「それが正しかったか正しくなかったか」など、いちいち全部調べてやれるほどやはり暇《ひま》はないから、よくは分かりません。

ただ、言えることは、「不適格の人にバツを付ける」というふうになると一割は行かないけれども、もし「適格な人にマルを付けろ」という投票だったら、マルを付けるのは面倒くさいものですから、落選する人がいっぱい出るだろうということは分かります。これは選挙のシステムですけれども、こういうことがあります。

とにかく、ちょっと気をつけないと、頭では違っていても、心では中国のようなシステムを理想化するような傾向《けいこう》が出てくるので、とても心配ではあります。

今、「お金を撒かなければいけない。社会福祉を手厚くしなければいけない」と言っているのは、たいていの場合、「結婚して子供ができたが、離婚《りこん》して生活保護を受けながら、パートみたいなので働いているお母さんだけの母子家庭」のような家庭が増えているからです。そこが多くなっているので、夫婦別姓になれば、さらにそれを推進しているような感じになるとは思うのです。

自由だから、それは結婚・離婚を何回しても構わないとは思うけれども、その結果、あまり、国家が面倒を見ていかなければいけない人が増えていく傾向が強くなるのなら、ちょっと考えなければいけないなと思います。

「結婚式」とか「葬式」とかも、ああいうものがあって親戚が集まったり友達が集まったりしているのは面倒くさいことだし、お金がかかります。

でも、そういうことで、「多くの人が証人になったり、何かトラブルがあったときに、相談に乗ってくれたり、意見を言ってくれたりする」という人間関係が、社会の、ある意味での分裂《ぶんれつ》の抑止力《よくしりょく》になっているところはあるのです。法事とかはそうだし、近所付き合いとかもそうですけれども、そういうところがあるのです。

結婚式などもやったら面倒くさいものでしょうし、「お金を貯《た》めて結婚式をするなんて、今どきバカバカしい」と思うところもあるのですが、皇室までとうとう、「もう届けを出すだけでいい。もう結婚式も何もなし」というように、「式も儀式《ぎしき》もなし」になったので、「皇室でそれでいいなら、もうみんないいでしょう」と。

そうすると、結婚式場も、そうしたウエディング産業も、いろんなものが全部、かなり店をたたまなければいけないというし、節約のために、葬式もなくなってきて、法事もなくなってきています。

あとは、「お盆《ぼん》と正月には里に帰るな」という命令がよく出るのですが、「緊急《きんきゅう》事態」と称して、「人が混んだらいけない。乗り物に乗るな」ということで、交通産業では「書き入れ時にお金が入らない」ということでもあるけれども、親子やきょうだい、親戚等の付き合いも切れていく方向に、今、進んではいると思うのです。

4　ワクチン接種に見る「自由意志」の大切さ

「効かないこと」も「マイナスに働くこと」もあるコロナワクチン

ワクチンなんかも、「全部、打ったほうがいい」と言っているところが多いので、まあ、そうなのかもしれません。確かに、仕事上打たないといけなくなったりするようなところもあるから、それは打ったほうがいい人もいると思うし、医者なども、まず実験台になってワクチンを打たれております。

しかし、「副反応」と言っていますが、その副作用がどのくらいかが、まだ実は資料が十分できていないのです。

〝ワクチンもの〟の場合の副作用は、五年から十年、場合によっては十五年ぐらい見ないと分からないのです。本人に出ないでも、子供の代、子孫《しそん》に副作用が出る場合もあるので、必ずしも「全員が百パーセント打てばいいか」というと、何か副作用があった場合は全滅《ぜんめつ》する可能性もあることはあるので、気をつけなければいけないのです。

アメリカの最近の判決を見ても、やや共和党が強いほうの州に多いのですけれども、バイデンさんがワクチンを義務づけようとしているのを、「違憲《いけん》である」という判例が出ております。それを見て、「ああ、なるほどな」と思いました。

基本的人権のなかには、自分で判断する権利、自由意志を尊重する権利というのが、やはり入っているものではあるので、「勧《すす》める」ことはできるけれども、「義務づける」ということになりますと、気をつけないと危ないわけです。

もし、あとで有害物質等が出てきた場合は、問題が出てきます。

特に、中国のワクチンは東南アジアでもだいぶ広く撒《ま》かれたのですけれども、ベトナムなどでは、中国のワクチンを使ってみようとして、まず医師が二回打ったけれども、「中国のワクチンを打った医師の一割は感染《かんせん》した」と言っているから、「効いていない」ということだと思います。

それを今、日本のＮＨＫなどを観《み》ていたら、「ブレイクスルー感染」などと言って、〝うまいこと〟を言います。嘘《うそ》をついているのですけれども。「二回打って三回まで打たなければ、その間に効果が薄《うす》れて、また感染する」とか言っています。「そういう言い方もあるけれども、『効かなかった』という言い方もあるんですよ」ということです。

実際は、それが正しいのです。種類がいっぱいあるから、株が違《ちが》えば効かないのです。「効かないことはある」ということだし、効かない株のためのワクチンを打ったら、それがマイナスに働くこともありえるということなのです。

私は反対はしていませんけれども、「全員、必ず打つ」となったら、次には全員、何か毒の注射でも打たれてもしょうがないような社会ができると嫌《いや》なので、少しは、それは自分の責任と意志で判断して受けるようにしたほうがいいのではないかなと思っています。

安全性はまだ確保されていません。一年ぐらいしか使用されていませんので、よく分からない。本当は分からないのです。

特に、そのウィルスの組成のなかにエイズと同じ構造の部分が入っていますので、そのウィルスが人工のものであることは分かっているのです。エイズと同じ組成のものが入っていて、それでワクチンをつくったら、「それと同じものを薄めて体のなかへ打つ」ということですから、免疫疾患《めんえきしっかん》が出る可能性はあるわけです。

他の病気に罹《かか》って死んだら、それはワクチンのせいではないことになるので、因《いん》果《が》関係がないということで、「なぜか死んだ」というだけで、責任は取らなくていいことになっているのです。

日本では、全然、国は認めていませんから、「『ワクチンで死んだ』と言われる人は千何百人」とか言っているのは。コロナで死んだのは二万人弱、一万八千人かそのくらいでしょうけれども、「ワクチンで死んだのは千何百人かはいる」と言われて、それは打って約一週間以内に死んでいる人です。

ただ、それがほかの病気になって死んだ場合は分からないので、実際、どのくらいかは分かりません。

「非科学的だ」とおっしゃる方がいらっしゃるのであまりこういうことを言いたくはないのですけれども、権力による妄信《もうしん》・狂信《きょうしん》みたいな押《お》しつけに対しては、ある程度、自分の意志でやはり考えたほうがいいということはあると思います。

私らの小さいころは、ＢＣＧとかいう注射をいつも腕《うで》に打たれて、ものすごく痛い注射でしたけれども、太い針で打たれていました。毎年夏になると、この注射を打たれた痕《あと》が五ミリか一センチぐらい丸く残っているのですけれども、そこから膿《うみ》が出てくるという非常に原始的な予防注射でした。夏になったら膿が出てくるのです。今は先が尖《とが》ったものを判子《はんこ》みたいに押していて、それよりはもうちょっと楽になっているようです。

まだ〝実験材料〟としてわれわれ人間が使われていることはそうとう多いのです。それが実際に効くかどうかについては〝実験材料〟として使われているところは多いので、気をつけなければならないところはあると思います。

医療《いりょう》従事者もいるだろうし、それを推進する立場にあるところもあるし、観光とかで行ったり、海外で働く場合には、打っていなければ行けないこともあるので、それは、死ぬよりは生きる可能性も高いのかもしれないので構わないのですけれども、ちょっと気をつけておいてほしいなと。あまり言う人が多くないので、あえて言っているだけです。

不都合《ふつごう》なことは隠《かく》しますので、分からないということです。本当は因果関係が分かっていても言いません。日本でもそういうことはあるので、気をつけてほしいと思います。

「タダで打つ」のと「強制」は結びついている

それから、日本では、今、急に感染も下火《したび》になっていますけれども、これも、「ウィルスに寿命《じゅみょう》があってそんなに長くは生きられない」という考えと、「変異なんかをやっていると、だんだん寿命が尽《つ》きてくる」という話もあるので、ちょっと、このへんについては、ワクチンの効果で減ったのかどうかは分かりません。少なくとも、ロシアとヨーロッパではまた再拡大していますので。

ロシアは、ロシアの国民がロシア製のワクチンを信じていないため、あまりワクチンを打っている人がいないのです。最近のはちょっと知らないけれども、前に見た統計では三割ぐらいしか打っていませんでした。ロシア国民がロシア製のワクチンを信じていないんです。「欧米《おうべい》のワクチンだって欲《ほ》しい」と言って、「手に入らない」と言って、それを求めているというのがありました。

ヨーロッパのほうは、もう七割がたは打っている、そういう人が多いと思うのですが、それでもまた再拡大しています。

「これがブレイクスルー感染で、隙間《すきま》に広がった」みたいな言い方は簡単ですけれども、この株が違う分だけ三回打ち続けなければいけないのかということになると、毎年毎年、打ち続けなければいけない。（現在は、南アフリカ発の「オミクロン株」が全世界で流行《はや》っている。本来は「クサイ（xi）株」と呼ぶべきだが、「Xi《シー》」が習近平の名と重なるのを怖《こわ》がったらしい。）

製薬会社としては、それは毎年打ってくれるほうが、せっかく製造ラインをつくったのになくなったら困るから、いいとは思うのですけれども。

このへんについて、もうちょっとよく考える頭は持っておいたほうがいいと思います。無駄《むだ》なこともあるかもしれません。

もし、本当にそのコロナワクチンを打てば死ななくて済むということであれば、みんな、有料でも打つのではないでしょうか。私はそう思うのです。

「命」のお金がいちばん高いんじゃないですか？　誘拐《ゆうかい》とかだったら、すぐに五千万、一億、二億とか要求するでしょう。「殺すぞ」と、「お金を持ってこなきゃ殺すぞ」といったら、最低でも五千万ぐらいは要求しますから。

「ワクチンを打っていれば命が助かる」というのだったら、「みんな貯金して、企《き》業《ぎょう》も個人も貯金して出さないように抱《かか》えて、いくらお金を撒いても撒いても貯金する。消費に回らない」というのが政府の悩《なや》みの種ですけれども、「打てば助かる」というのだったら、それは、富裕者層《ふゆうしゃ》ほど高い値段でワクチンを打ってもらえるし、本当に生活支援《しえん》をしなければいけないレベルの人だけタダで打てば、あとはもう、金を払《はら》ってでも打ってもらいたいはずです。「もう、一回とは言わず二回打ってくれ」「三回打ってくれ」と言ってくるはずですので、お金を払ってもらえばいいのです。そうしたら、あんな、タダで全部やる必要はないのです。

「タダでやる」というのと「強制」とは、たぶん結びついているはずなので、まあ、善意で考えれば、「その人が感染しているのに放置したらほかの人にうつされるから、無理やりにでも、その人にワクチンを打っておく必要がある」という考え方もあるのかもしれませんけれども、結果の死んだ数などから見るかぎりは、「政府の取った行動はどうだったのかな」と思うところはたくさんあります。

そういう意味で、世の中には無駄なものはいっぱいあるかもしれません。

そして、コロナによる〝巣ごもり〟需要《じゅよう》と、〝コロナ太り〟というのも流行ってきて、「巣ごもりで、だいたい、アメリカ人なんかは七キロぐらいは普通《ふつう》に太った」みたいなことを言っている。日本人は七キロは太っていないかもしれませんけれども、運動不足で太った人だとか病気になった人とか、あるいは死んだ人とか、私の知っている人でもいます。「通勤するな」と言われたら家でじっとしていなければいけなくて、体が弱って死んだ人もいます。

新しい病気ができたり、健康は害されるようなこともいろいろ起きているように思いますが、全員がグワーッと動くときは、何でも気をつけないといけないことが多いのかなというふうに思っております。

5　機械の進化がもたらすデフレ時代

数字上だけの動きでお金を儲《もう》けようとすることの危険性

今はお金を撒《ま》いても、個人が貯蓄《ちょちく》するか、企業《きぎょう》も内部留保を積みながら、銀行はもうゼロ金利の時代ですから、いくら「安く貸す」と言ってもお金を借りてくれないのですけれども、本能的にはたぶん正しい判断をしているだろうと思うのです。

いろんな変動の波に耐《た》えるには、やはり「無駄《むだ》な出費・経費」を削《けず》って、万一《まんいつ》の場合に備えるというのは基本的な行動なので、個人においても会社においても、そういうことをするのは当然のことだと思います。

こういうときに投機的なものの考え方で、お金を安く借りられるからバカッと借りて、それで、本当に〝数字だけ〟、〝数学上だけの動き〟でお金を儲《もう》けようとする人たちはいっぱいいるのです。
私も会社を辞《や》めないでいたら、今、そんなことをさせられている可能性もあると
は思うのですけれども。
〝頭のいい人〟たちが、例えば銀行から一兆円を借りて、それでちょっと傾《かたむ》きか
けている会社とかを買収して、リストラをかけて、不良部分を切って、株価が上が
ったら転売して、そして、株価の上がった分だけ儲かるみたいなことをやっている
ようなところはあると思います。
まあ、「利益が出るとき」と「大赤字が出るとき」とが交互《こうご》に出ているようです
けれども、こういう仕事があまり流行《はや》っていくようだと──要するに、「要《い》らない
仕事」なのです。世の中にとって要らない仕事をする人、特に頭のいい人たちがそ
んなことで食べていくようになってくると、世の中に対して何も付加価値を生んで
いないということなのです。
だから、ちょっと危険だなというふうに思ってほしいのです。

パソコンの時代は、進化するほど貧しくなる？

もう一つ、とても言いにくいのだけれども、あえて言いますけれども、コンピューターが流行って、とうとうパソコンの時代で、みんなが使って、いろいろな勝手な発信をしたり、いろいろな自分が書いたものを読んでもらえたりするような時代になって、「民主主義」がもっと個別具体的になるのかなと思っていたら、どうもそうでないようになってきております。

この機械類を、あまり多用する、あるいは、使っている時間を増やす、あるいは買って買ってしているけれども、「この機械は、やはりある程度、人間の仕事を奪《うば》っているところはありますよ」ということは知っていただきたいなと思うのです。

人間の仕事を奪っているけれども、人間が働けば「収入」が生まれて「税金」も払《はら》えます。機械は、購入《こうにゅう》の「代金」は要りますけれども、「税金」は払ってくれないのです。機械は税金を払ってくれないのです。

ただ、機械が入った分だけ、人間の働き分がどう見ても減っているのです。単純労働、計算事務、こういうものから始まって、高度なものもありますけれども、これは、はっきり言えば、どうしても、「パソコンの時代が進化すれば進化するほど貧しくなるだろう」と、私は推定しています。

なぜなら、機械がやる仕事は、人間がやっていた仕事だからです。それを、機械を買えばできるようになってくるわけです。

そして、そのやっている仕事が必ずしも有効な仕事ではない。まあ、有効な仕事もあるとは思うんですけれども。例えば、ビルを建てるとかいうのだったら、それは、コンピュータを使わないと、今はちょっと無理だとは思います。

ただ、間違《まちが》って、個人個人が印刷会社みたいになっている場合とか、こういう場合は非常に厳しいかな、無駄仕事をしているのではないかなと思うところもあるし、物が普通《ふつう》の値段で売れなくなります。

映画などは当会もつくっておりますけれども、コロナ時代であったこともありますが、映画上映中に、すぐネットフリックスにかかるようなときもありましたし、終わるや否《いな》や、すぐ安い値段で、五百円だとか二百円だとか、そのくらいの値段で映画が観《み》られるような時代になってきて、便利ではあります。便利ではあるけれども、これは、何らかの収入が削られていることは、確実に削られています。だから、映画産業下で発生すべき利益が削られて、ほかのものに替《か》わっていることは確実だと思うのです。

このへんをちょっとよく知らないといけないと思います。

私が最初にそれを思ったのはもうずいぶん昔なのですが、当会の立宗《りっしゅう》より前ということになりますから、もう三十五年以上昔ですが、コンピュータはもう入っていました。

財務部門だと数字がいっぱい出てきますので、コンピュータを使ったほうがきれいになりますので、きれいに数字が出せますけれども、表ばっかりつくっていました。表ばっかりつくらされるので、「なんで、この表は要るんだろう」というような感じでした。上は、毎日毎日、表を欲《ほ》しがるのです。見たがるのです。

毎日見たって、別に、その数字の意味が分かる人が見れば意味はあるのだけれども、分からない人が見たって、実は意味はないのです。ところが、表ばっかりあちこちにお届けして、見てもらうための表ばっかりつくっていて、これは財務ではなくて、「表づくりをしているだけ」みたいにだんだんなってきておりました。表ばかりつくって「ちょっとバカバカしいな」と思っていたことはあるのです。

見る目がある人がいれば、それは数字を見ているだけで経営の異常が発見されて修正することはできるのですけれども、そういう目がない人が見たって、意味はないわけです。

松下幸之助《まつしたこうのすけ》も、そういうコンピュータ流行《ばや》りのときに、パナソニック、昔の松下電器のお店を持っていますから、毎日毎日の全国の系列店の売上が集計して出てくる。最初はそれを上げてもらって見ていたのだけれども、しばらく見ていたら、「こういうものは毎日見ても意味ないんで、もういいわ。月に一回でええわ」とか、あるいは、「もう半年に一回でええわ」というようなことを言い出して。「無駄だ」ということを分かったわけです。

だから、「何の変化が起きているのか」が分かれば、それは意味をなすのですが、それが分からない人の場合は、それを見たって、単なる事務作業が増えているだけになっているのです。

そういうことがあるのだけれども、それを当然のごとく受け入れてやっているということは、数多くあるだろうと思います。

これはコンピュータだけのことを言っているのではありません。ほかのところでもそういうものはいっぱいあって、「なぜ、そうするんですか」と言うと、別に決まっていなくて、「前からそうしていたから、そうしている」というだけのものはいっぱいあるのです。

だから、そういう無駄な仕事が発生していないかどうかを、やはり（チェック）していかないと、「経済の成長ばかり言っているけれども、先行き、成長なんかありえない」と、私は思っています。

「デフレからの脱却《だっきゃく》、そして、経済の成長こそが問題で、それから分配をする」という自民党型の考えと、それを言わずに「分配」ばっかりを言っている野党型がありますけれども、まあ、この野党の「分配」だけを言っているのはもう論外なのです。収入がないのに分配だけをやった国家というのは、それは潰《つぶ》れるに決まっているので、もう「倒産《とうさん》」です。国家倒産が来るのは決まっているので。それは、もう当選したくて言っているだけですが、何十人かが当選して、国家が倒産するだけのことです。

これは民主主義の〝逆説〟で、民主主義をやったら赤字倒産するということです。これが起きるので、「これをどう締《し》め上げるか」のところの問題は別にあると思います。

「デフレ」イコール「不況《ふきょう》」ではない

ですから、私の見るところ、ほかの外国はいろいろな事情があるのでちょっと違うかもしれないけれども、今、やや燃料系などの輸入の代金が上がってきていますので、少しインフレ要因が出てはきているので、それで、ちょっと物の値段が上がって経済成長したように見えることが、今後出てくるかもしれません。しかし、全《ぜん》般《ぱん》的に言いますと、そういう、すべてが機械化して安くなっていこうとする、オートメーション化していく流れのなかでは、基本的にはデフレが基調にどうしてもなるというのは、考えなければいけない。

デフレというのは何かというと、「物の値段が安くなる」ということです。物やサービスの値段が安くなる。要するに、お金を持っていたら、将来もっと安くなるということです。

だから、海外旅行に行くのに、昔なら、例えば五十万円かかったところが、だんだんに、十万円で行けるようになったり、数万円で行けるようになったりする。映画館に行ったら、千八百円払わないと観られなくて、行くのに途中《とちゅう》に交通費がかかって、食事も外で食べて何千円か使っていたのが、自宅で映画が買えるから、それで観る。だから、レンタル屋などがどんどん潰れています。映画のレンタルをやっていたところが、今、潰れてきていますが、こういうふうに、〝鞘抜《さやぬ》き〟ができなくなって安くなってくるので、結局、そういう機械化を追求していった結果は、やはりデフレしかない。どう見てもデフレなのです。

ただ、デフレは悪ではない、デフレは不況《ふきょう》と一緒《いっしょ》ではないのです。ここは知っていなければいけないので、「デフレ即《そく》不況」と考えたら、これは完全に間違いなのです。

「デフレ」というのは物の値段が安くなっていくことですから、物の値段が安くなるということは、要するに、収入が増えなくても生活が楽になっていくことを意味しているのです。

実際には、もう本当に、収入体系は下がっていっていると思うのです。民間のほうは、だいたい、年収は三百万から四百万ぐらい、平均したらそんなものかもしれません。そして、公務員のほうは、なぜか六百万ぐらいはあるようです。法律で賃金が決まるため、六百万円ぐらいあるようですが、報道が流れないテレビ局や新聞社の給料は、平均一千数百万ぐらいあるのです。ただ、それは言わないのです。

だから、〝いいふりこき〟して、弱者救済で、「彼らに金を撒け」とか言っているところは、実は、一千数百万ももらっている上等国民たちなのです。上等、上級国民たちが、実はそうした年収三百万の国民に同情して、「金を撒け、撒け」と政治をつついている。「そうしないと、千数百万もらっているわれわれは、いつ革命を起こされるか分からん」というようなことを、結局は言っているわけなのです。だから、内容は明らかにしません。

これ以外にも、もちろん、国会議員とか、官僚《かんりょう》とかでも上まで上がれば、(収入は)二千万から二千数百万円ぐらいはありますが、これは表向きの収入で、裏側は、議員とかになれば、選挙の資金団体が別にあって、そこでの資金で回していますので、そちらでは何億もの金をいろいろ使っていると思います。

だから、世の中、偉《えら》くなるとうまいことできるように仕組みがなっているので、税金を払わなくて収入が増えるようにはなっております。

そういう意味で、上級国民、上流国民といわれているような人たちがどういう層であるかは、本当は国民はよく知っていないのです。それで、そういう収入の少ないところだけを見つけては、「そこに金を撒け」「福祉《ふくし》をしろ」というようなことばかりを言っているわけです。だから、気をつけないといけないわけです。

私は、そう簡単に高度成長期やインフレ時代に戻《もど》るとは思えないので、そういうデフレ時代はしばらく続く、あるいはもっともっと続くかもしれないと思っています。だって、やっていることは、どんどん値段が下がっていくような、そういう機械の開発とその普及《ふきゅう》ばかりやっているので、それを開発し続けているかぎり、その会社は儲かるとは思うのですが、その機械の恩恵《おんけい》を受けたところは、雇用《こよう》が減り給料が減りしていくはずなのです。

だから、どう見ても、考え方として、やはりそういうデフレが基調でいくので、デフレ下の経済成長を考えざるをえないのです。

「物の値段が安くなるので、それが多く売れる」というようなかたちの考え方をしなければいけないのです。「安くなったので不況になる」というような考え方は、「同じ個数しか売れない」という考え方なのだろうと思うのですけれども、「安くなったら、そのマーケットが大きくなる」という考え方を求めていかなければいけないのではないかと思います。

「みかんの値段が下がったら、一個余分に食べようか」という感じでしょうか。「ビタミンCをもうちょっと摂《と》ろうかな」という、そういうような感じです。

デフレ下の経済成長は、要するに、安くなっていく物の値段を上げることができない方向に行きます。例えば、千八百円を払わなければ観られない映画が、家で、自宅のテレビで二百十円で観ることができるとしたら、これは、映画関係者等は、千八百円が二百十円とかになったとしたら千六百円近く、要するに収入は減る。配給収入は減りますので、この部分がリストラや給料下げになってくるはずなのです。そして、別のところが利益を得られる。そして、ほかのもの、既存《きそん》のものは潰れていく。だから、人は余ってきて、余剰《よじょう》して、失業者は増えてくる。その人たちが職に就《つ》こうとすると、正規職員、社員ではない、臨時雇用、パートみたいなものに、いきおいなる。

もし、それを、政府が、「底上げを図《はか》る」と称《しょう》して「最低賃金は幾《いく》ら」とかいうことを公務員みたいに決めて、それを上げるように上げるようにと圧力をかければ、リストラはさらに進む。人を減らして、二人でやっている仕事を一人にさせたら、それは給料は二倍にしたって一緒ですから、そういう意味で、リストラをかければいいということになります。

大リストラの先に待ち受けているものとは

これから来るのは、ＪＡＬ《ジャル》とかＡＮＡ《エーエヌエー》みたいな大手のところが、例えば「九千人単位のリストラをする」とか言っていますが、ＪＴＢみたいなところだってそうだろうし、ＪＲなんかでもたぶんそうだろうし、大きな会社が大リストラを始めるはずなのです。そうすると、こうした人たちが再就職するとなると、けっこう厳しいことになっていきます。

仕事は機械にもう取られていっているので、そういうパート的な安いものしかなくなってくる。そういうことで、「税金で補塡《ほてん》せよ」という意見になってくる。ということで、国は国債《こくさい》を発行して、赤字国債でお金を撒き始める。ということで、財政赤字は膨《ふく》らむ。

財務次官が言っているように、今、千二百兆円ぐらいの財政赤字があるわけですけれども、まあ、〝恐《おそ》ろしい〟話です。増えるしかないのですから。

中曽根《なかそね》臨調のころから、たぶん一九八五年ごろは、財政赤字が百兆円あるというのが問題で、「この百兆円をどうやって減らすか」ということを言っていたのが、今は一千二百兆円になっています。これは、今の政府の自民党系、自民党や公明党等が政権を維持《いじ》するために使ったコストです。だから、政権を維持するために千百兆円ぐらい財政赤字をつくらなければ維持できなかった。要するに、撒き続けなければいけないので、無駄なものに使うしかなかったわけです。

この最悪の考え方が、要するに、ケインズ経済学の極端《きょくたん》化したものになります。これはヒトラーも採用した考え方です。

奴隷《どれい》や捕虜《ほりょ》とかを狂《くる》わせようとしたら簡単です。「ここで穴を掘《ほ》れ」と言って穴を掘らせて、そして、向こうで積み上げさせる。さらに、今度は、「その積み上げた土を、もう一回この穴に戻せ」と言い、そして「また穴を掘れ」と言って、積み上げさせる。また「戻せ」と言う。こういう無意味なことを繰《く》り返しやらせると、人は発狂《はっきょう》するのです。奴隷というか、捕虜になった人たちにそういうことを繰り返すと、だいたい精神異常を起こし始めて発狂します。それで発狂した人を、あとは最後には穴を掘らせて自分をそのなかに埋《う》めさせてしまえば済むわけです。「ケインズ経済学」の始まりは、例えば、知っているもので言えば、「万里《ばんり》の長《ちょう》城《じょう》」とか、「エジプトのピラミッド」などはそうです。

確かに、不況対策とかにはなるでしょうし、ナイルのほとりのピラミッドも、農業期にはつくらないで、農業をしていない農閑期《のうかんき》、刈《か》り入れが終わってからあとは、種まきのころまでに半年ほど間がありますので、その間に人を駆《か》り出して、農民が上流から岩を切り出し、石を切り出して、筏《いかだ》に乗せて下流に運んで、そしてピラミッドを積み上げるという仕事をつくっていたらしいのです。

ですから、日本の今の公共事業なんかと似たような感じですけれども、それは一つの考え方で、仕事がない人につくってやる。ピラミッドにどれほどの意味があったかは分かりませんが、意味があるものだと言えば、言いくるめればそうなる。王様の威光《いこう》を示したり、王様が転生輪廻《てんしょうりんね》をして生まれ変わってくるときの棺《ひつぎ》を入れておく所だとか、いろいろあるのかもしれません。

そういうものから始まっているのですが、一時期効果は発揮するのですけれども、長い目で見ると、「無意味なことの繰り返し」をやっているということは、本当は仕事ではないので、この世に何らの付加価値を生んでいないことになりかねないということになります。

6　できるかぎりの智慧《ちえ》と努力で付加価値を高めよ

デフレ圧力と戦うために人間としてできること

こうしたものがこの世にはそうとうありますので、非常に厳しい、必死の戦いが続いているとは思うのです。

例えば、写真などは、昔は写真館で撮《と》らなければ撮れなかったものが、写真機が出回って、個人でも写真が撮れて、そしてフィルムを写真館に持っていけば現像してくれるようになったのが、次はフィルムをコンビニに持っていっても現像してくれるようになってきて、さらには、コンビニに行かなくても、自宅でも写真をそのまま出せるようになってきました。写真館はどうやって生き残ったらいいのでしょう。まあ、潰《つぶ》れているところはたくさんありますが、それはもう、サービスにこれ努めているようです。

昨日《きのう》、孫が七五三に行ったようで、ちょっときれいな「おべべ」を着て、写真館で撮ってもらっているのですが、その（撮影中の）映像・動画を観《み》てみると、「この声を出している人は、何かおかしい人なの？」と言って私が訊《き》いたぐらい、噺家《はなしか》でなければ、ちょっと普通《ふつう》でない人が何か変なことを言っているのかなと思ったら、写真館の人が子供を喜ばすために変なことをいっぱいして、芸をして盛り上げているらしいということが分かりました。私はその声を聞いたら、「この人は発狂《はっきょう》しているのかな？」と一瞬《いっしゅん》思ったのですが、そういうことをしないと、もう生き残れない時代になっているということです。

そういうふうに、どんどん便利になっていって、写真館に来てくれない時代に生きるためには、貸し衣装《いしょう》から、いかにして子供を喜ばせて楽しくして、満足を与《あた》えるかをやらなければ、もう生き残れない時代になったということです。

そういうことなので、対抗《たいこう》手段としては、人力《じんりょく》をフル活用して、あらゆる手段を駆使《くし》して、顧客《こきゃく》満足を図《はか》るという方法しかないのです。

いずれにしても、このデフレ圧力から逃《のが》れるのは大変ですが、あえて戦うとしたら、人間としてできるかぎりの智慧《ちえ》と努力を絞《しぼ》って、付加価値の高い仕事、要するに、顧客を満足させて、「ああ、ほかのものではちょっと代えられない」という気持ちにさせるしかないということです。

例えば、ＪＡＬ《ジャル》を再建したときの稲盛《いなもり》さんの改革の話も、テレビでやったものを昔観たことがありますけれども、「三年で赤字を黒字にする」ということを昔にされました。実際は、二年でもう黒字化していたのですけれども、そうしたら、今までブスッとして制帽《せいぼう》を被《かぶ》って偉《えら》そうに歩いていた機長とかあんな人が、客席の待合に座《すわ》っている子供なんかに、「どうしたの？　このおもちゃは君のじゃないの？」とか言ってサービスをしたりしていましたので、「ほお、こういうふうにしないと、なかなかいけないんだな」というふうに感じました。普通の民間の考え方がちょっと入っているので、ちょっとサービスしたり声をかけたりしているわけです。

ちょっと驚《おどろ》きましたが、やっていました。また赤字になっているので、次は誰《だれ》が黒字にしてくれるのか知りませんが、飛行機が〝飛んではいけない〟のでは黒字になる方法はありませんけれども。

いずれにせよ、経営的には、「下の層を上げて、上の層を下げて、中間層を厚くする」と言っているけれども、上の層も経営的には先はもう危ない。危ないのです。

電車内で刃物《はもの》を振《ふ》り回す事件で感じること

大会社を共産党などは批判するし、それに追随《ついずい》する左翼《さよく》系のマスコミも批判しますけれども、雇用《こよう》をたくさん持っているのが大企業《だいきぎょう》なので、大企業がリストラをし始めたら、数千人から数万人単位でリストラします。銀行業界だってリストラしたら、もう何万から十万ぐらいは簡単に行《い》ってしまいます。ちょっとした地方の都市の人口ぐらい、あっという間にリストラされてしまいます。本当に危ないのです。

だから、皮肉な言い方なのですけれども、例えば、小田急《おだきゅう》や京王《けいおう》線の特急みたいなところで、「ノンストップの駅がいっぱいあって、その間は出られない」というようなところのなかで、刃物《はもの》を持って振《ふ》りかざして人に怪我《けが》をさせたり、あるいは火をつけたりした人が一人出てきたということになって、「何の事態が起きたか、車掌《しゃしょう》も分からなかった」などと言っているけれども、こんな事件が起きると、もう従業員を増やさなければいけなくなってくるわけです。それで、さらに監視《かんし》カメラとかも入れなければいけなくなって、その対策要員をいっぱい考えなければいけなくなってくる。

まあ、これは半分冗談《じょうだん》として聴《き》いていただきたいのですけれども、「もう食えなくなると、そういう事件を起こす人まで、会社のなかに出てくるのではないか」という気がちょっとしてくるのです。

九州の新幹線のなかでも、発火物を持ち込《こ》んで逮捕《たいほ》された人が出てきたようですけれども、新幹線に乗っても、何でも持って入れますから、それの手荷物検査からいろいろなことをやったら、人は増えます。さらに警備要員を配置したりしたらもっと増えます。そういうことで増やすことができるので、こういう〝自作自演〟が増えないことを祈《いの》りたいなとは思います。

この現代の進んでいる便利な流れのなかには、そういう無駄《むだ》なことをつくらないとやっていけないものがあるということは知ってほしいと思います。

生産性を生まない仕事をできるだけ削《けず》る

さらに、その無駄なもののなかには、例えば、監視カメラをいっぱいつくって、それで監視して、それから盗聴《とうちょう》して尾行《びこう》して、スパイしているような人たちもいっぱいいるわけで、旧共産圏《けん》にはたくさんいました。旧ソ連もそうでした。

東ドイツの昔の映画などを観ても、とにかく、隣《となり》の家を見張っているだけ、ある人を尾行して盗聴して見張るだけで、その一人の仕事が成り立っているわけです。だけれども、こんなもので給料が出るというのはおかしい話なのです。こんなもので、何も付加価値を生んでいません。誰かを見張っているだけで、給料が出るのです。

これは、韓国《かんこく》ドラマの「愛の不時着」とかいうものも、ちょっと、この前に流行《はや》りましたが、あれを観ても北朝鮮《きたちょうせん》なんかでは〝耳野郎《みみやろう》〟だったか、そんなような人がいて、「そこで何をやっているかを、向かいの家からずっと盗聴して聴いている」なんていうのがいました。北朝鮮のなかだけで、そういうのを見張るだけの仕事です。

こういうものは、だいたい、何も生産していないものです。こういうものが増えてきたら、やはり危ない兆候《ちょうこう》だというふうに思います。

だから、不要なものを削《けず》っていかなければいけないし、さらには、その人たちの活動が新しい付加価値を生むことに仕事を絞っていかなければいけない。

「やらなくてよい仕事をするな」というのは、今働いているのを「働くな」と言っているわけではなくて、今言ったような、隣の家を盗聴したりするような仕事とか、例えば、やらせでネット投稿《とうこう》みたいなものをやるような仕事だとか、要するに、

「生産性を生んでいないと思うような仕事は、できるだけ削らなければいけない」と思うのです。

でも、今、コロナ不況《ふきょう》でよくなった面もあると思うのです。

一つは、安倍《あべ》さんの政治が長かったけれども、考え方のなかで、「外国人から、とにかく旅行者をいっぱい呼んで金を日本に落とさせようとする、そして、消費経済を起こす」ということとか、あるいは「大型のカジノをつくって、中国人が来て、金を落としてもらおう。ついでにマフィアも呼び込もう」ということでしょうけれども、そういうものをやろうとしていたのが、ちょっと下火《したび》になったと思うのです。

さらに、人々は消費をしない。なぜしないかというと、経済の先がもう乱気流で見通しがつかないからです。これは、ある意味では正しい考え方ではあるので、松《まつ》下幸之助《したこうのすけ》さんの言う「ダム経営」に近いところです。

今、政府に必要なのは「千二百兆円の赤字」を返す計画

今、必要なのは、政府にとっては千二百兆円の赤字、これは地方公共団体も入れてですが、千二百兆円の赤字があると言っているけれども、これを返す計画というのがないのです。これを、もうちょっとはっきり言わなければいけません。

例えば、千二百兆円、千百兆円、それから一千兆円にするのに、いつまでにやるのか。百兆円を減らすにはどうするのか。二百兆円を減らすのは、いつまでに減らすのか。やはり考えるべきだと思います。いずれ、それはこのままでいけば倒産《とうさん》しますから、徳川《とくがわ》幕府と一緒《いっしょ》になります。

ただ、まだ最終手段があります。「徳政令《とくせいれい》」というものがまだあるのですけれども、政府の借金を帳消しにしてしまう方法が、超《ちょう》法規的措置《そち》があります。

ただ、これに対しては「革命」という反作用がありますので、日本人をよく飼いならして、徳政令に耐《た》えるような従順な国民にしておけば、革命が起きません。

「今まで政府がしている借金は、全部〝チャラパー〟とする。国民が持っている国債《こくさい》は〝紙切れ〟になったけど、ごめんね」ということで、「自分のタンス預金、へそくりと相殺《そうさい》しておいて。タンスのなかにお金を何百万か持っているでしょう。それで買い物してください。国債は〝紙切れ〟になりましたので。はい、さようなら」という、徳政令というやつです。幕府の借金をゼロにするということを何度かやっています。

「商人から借りた金を踏《ふ》み倒《たお》す」というのを何度かやっていますが、最後には、それは商人たちも革命のほうの応援《おうえん》に回ります。当然です。

今、企業と国民の財産を合わせれば、まだ何百兆円か分の黒字部分はあるのですが、この速度で増えてくれば、いずれ財政赤字のほうが追いついて追い越《こ》すことになります。そのときには、潔《いさぎよ》く倒産するか。政府の倒産、国家の倒産というのは、格好悪いけれども、小さいところではありますし、アメリカなどでも市レベルの倒産は本当にあります。「給料が出ない」ということです。〝出社に及《およ》ばず〟で、「出勤しなくていい。来ないでいい」ということになります。

本当は、これは「公的債務」「国と地方公共団体の財政赤字」であるわけなので、これをやってみたらいいのです。赤字の市とかそういう所で、「給料が払《はら》えないので、出社に及ばず。出勤しなくてよろしい。仕事はなくなりました」ということになったら、初めて財政赤字の意味が分かるようになるのです。

財政赤字なら、無駄《むだ》な役人・無駄な役所・無駄な仕事を減らせ

政府なんかを見ても、大臣などはもう〝複数〟います。いったい誰がやっているのだか分かりません。「経済産業相」がありながら「経済再生相」があったり、「復興相」だとかがあったり、「厚生労働相」があるのに「ワクチン相」があったり、「経済の危機管理をする」だとか、もうとにかく、つくってつくって、増やして増やしてしていきます。

次は「デジタル庁」をつくって、今のところ、三分の一が民間人で、その九十何

パーセントが兼任《けんにん》とかいって、国で集めた情報が全部民間に〝筒抜《つつぬ》け〟になるという、スパイがいくらでも〝取り放題〟になる状態をデジタル庁でつくろうとしています。

とにかく、財政赤字だったら、そういう無駄《むだ》なセクションを増やすという考え方をやめなければいけない。「減らさなければいけないのだ」ということです。無駄な役人を減らして、無駄な役所を減らして、無駄な仕事をやめる。

（最近の衆議院選挙では）「維新《いしん》の会」がだいぶ勝ちました。（府政のほうでは）「大阪《おおさか》府と大阪市の二重行政がある。それを減らしたい」と言っていましたが、まあ、実際はガタガタしています。ただ、実際上そうなっていることはいっぱいあると思います。

例えば、「東京都があって、その上に国がある。東京都があって、区があって、市があって、町《ちょう》があって、村《そん》があって」とやっているけれども、「どこがやったらいいか」というのがよく分からないようなところがいっぱいある。

東京都だって、石原《いしはら》都政のときから一兆円も黒字をつくっていたのに、コロナの時代にほぼ使い果たしました。これからは、もう赤字の時代に入るはずです。

だから、「やらなくてよい仕事はするな」というのは、別に「八時間労働を二時間にしろ」とか言っているわけではなくて、本当に、本来要《い》らないかもしれない仕事をしている可能性がかなりあるのです。

こんなに（国の）財政赤字が膨《ふく》らむのだったら、「会計検査院」なんて、こんなものは要らないのです。仕事をしていないのです。まったくしていないのです。ただ「アベノマスクが幾《いく》ら余ったので、幾ら無駄遣《づか》いしました」とかいう、小さな数字は出てきますけれども、もっと大きな数字はもう分からないのです。兆単位の無駄遣いは分からないわけです。会計検査院は、「マスクが幾ら余って、これが何十億円になる」とか、こんなものぐらいは分かります。ただ、何兆円とか、「三十兆円対策する」とか言っているもの、これは分からないです。

それから、官僚《かんりょう》機構にメスを入れることがほぼできないでいます。そして、法律で給料は上がるので、公務員の給料は上がり続ける。当会は会員のなかに公務員が多いらしいので、「あまり、こう言ってはいけないな」と思ってちょっと用心はしているのですが、当会の信者の公務員の場合は、「そうだ！　公務員の給料を削れ。下げろ。民間のほうを高くしろ。そうしなきゃおかしいじゃないか」とか、「無駄な行政を減らせ！」とか言ってやっているようです。それをやっているのが当会の信者だったりするので、気の毒なのであまり言ってはいけないとは思いつつも、公務員の方はやや、〝上流国民〟とは言えませんが、〝中流国民〟ぐらいにはなっています。

〝下流国民〟が、いわゆる民間会社、その他大勢です。

〝上流〟に入っているのは、先ほど言ったようにマスコミ、新聞社、テレビ局、それから大手の出版社等です。これらは上流国民で、みんな一千万円台の平均収入を持っています。あとは国会議員、出世した官僚および医者、それから、もちろん会社の社長等もあるとは思います。

7　「勤勉革命」で、デフレ下でも成長する社会へ

自由を奪《うば》われて、経済的な発展はありえない

こんなふうな具合になっておりますが、とにかく、もう一度ハイエクの『隷従《れいじゅう》への道』に戻《もど》ることです。自由を奪《うば》われて、経済的な発展というのは、やはり原則はありえない。全部、法律や政府で決めて、「こうやれ、ああやれ」と言われたままにやるような社会で、豊かになるということはありえないのです。

それがありえるのは、本当に、戦争をやっている体制下での統制経済であって、そこでは上からの命令を聞いて動かないといけないし、全部が割当制で来ます。これは戦時下ではしかたがないのですが、こんなものでは発展はしないのです。結局は、〝消耗《しょうもう》経済〟にしかならないのだということです。このへんを知っていただき

たいと思うのです。

「ミサイルが北朝鮮《きたちょうせん》から飛んだ」とか、「コロナが流行《はや》った」とかいうと、すぐ全体主義的経営を国家経営でやりたくなるのですが、これは「本能」なのです。「権力者としての本能」で、要するに、民《たみ》を奴隷《どれい》化して、言うとおりに動かすというのは、これは権力者としての本能なのです。

だから、これが本能で、彼らの野心一つで世の中が引っ繰《く》り返ってどうにでもなることがあるということは、知っておいたほうがいいと思います。

中国だって、もう無駄《むだ》なことをいっぱいやってくれて、おかげで近隣《きんりん》国が本当に迷惑《めいわく》しています。習近平《しゅうきんぺい》の野心一つでどれだけマイナスが起きているか。まあ、考えることはたぶんないでしょうけれども。

彼は、毛沢東《もうたくとう》のまねをしたり、鄧小平《とうしょうへい》のまねをしたりして出てきてもいいけれども、やっていることがもう、みんな地獄《じごく》に行っている人たちのやったようなことなので、「悪魔《あくま》に憑《つ》かれた国家というものが存在する」ということを、みんな、〝実写〟で見なければいけないと思います。「実際に、これはこうなる」ということをよく見なければいけないと思う。

台湾《たいわん》なんかに行ってみたら、北京《ペキン》・中国さえなければ、もうかなり地上ユートピアに近い国です。台湾は、自由で繁栄《はんえい》した国なのです。これを取られたら、たちまちもう「奴隷」です。もう〝ウイグル化〟です。〝香港化《ホンコンか》〟し、〝ウイグル化〟していく。

香港の繁栄だって、このままでは、たぶんもう戻ってこないです。

だから、無駄なことをやっているのです。

自由的な意志による努力の継続《けいぞく》があって、そして経済的繁栄は来るのです。

過去、こういう「勤勉革命」というのは、イギリスで二回ほど起きています。十六世紀、十八世紀ごろに、それぞれ起きていますが、これでイギリスの国力がガーッと上がっているわけです。

要するに、「個人個人が、自由意志に基《もと》づいて勤勉に働いて、世の中を発展させようとする」、「自分自身も豊かになって、世の中も豊かになるように努力しようとする」――、世間《せけん》の風潮がそういうふうになってきたときに、産業革命が起きたりして、国がもう一段上がっているわけです。

無駄《むだ》を削《けず》り、浮《う》いた時間を何に当てるべきなのか

だから、今必要なこととして、私が言いたい「減量の経済学」というのは、要するに、「やらなくてよい仕事はするな」――それは、「仕事を減らし、働くな」と言っているのではなくて、「無駄《むだ》な、付加価値を生んでいないような仕事はやめなさい」ということです。

このままでいくと、理系の技術者たちがどんどんどんどん考えて、その会社は発展するのかもしれないけれども、つくってくださっているいろいろな機械の進化により、要するに、事務系の仕事や単純な書類仕事に関する仕事はどんどん機械に代《だい》替《たい》されていくので、給料は下がっていく方向に基本的には来ると思います。

だから、今やっている仕事のなかで、もし必要がないものがあったら、それは、できるだけ、もうやめていかなくてはなりません。

先ほど言ったように、湯船のなかに立つのではなくて座《すわ》っていれば半分ぐらいで湯はいけて、あと、その余分な部分を足りないところへ、貧しい人には援助《えんじょ》したほうがいい場合ももちろんありますけれども、その〝余り切った御大名《おだいみょう》〟も数が減ってきて、だいたい国民全体がよくなってくる方向になるのです。

無駄な仕事の部分を削《けず》って、無駄な贅沢《ぜいたく》も削って、人間的・人的資本《じんてき》を、より付加価値の高いものに仕向けていく。よりクリエイティブなものに向けていく。要するに、人の手が加わったもの、サービス精神が加わったものの値打ちが高くなるようなものを考えていく。

そのためには、要するに、無駄なことに費《つい》やした時間を、勤勉哲学《てつがく》によって勤勉な時間に変えていって、それをよくしていく必要があります。

「勤勉だ」といっても、先ほども塾《じゅく》のたとえで言ったように、子供を縛《しば》りつけてプリントばかりやらせれば勉強になるかといったら、そうではなくて、無駄なものがいっぱいあるから、その無駄なものは、やはり、ちょっとよくしなくてはいけません。

本来、学校でできるものは、そうとうあるはずであり、塾まで行って疲《つか》れなくてはいけない理由はないので、そういう無駄なものは削っていくべきだと思うのです。

だけれども、その浮《う》いた時間で遊ぶとか、享楽《きょうらく》のほうのアベノミクス系に行くのではなくて、浮いた時間を単に消費すればいいというのでもなくて、やはり、勤勉に働いて収入をあげる、あるいは富をつくっていく。そして、その富の一部で、必要なものを買ったり、必要なものに投資をしたりしていくような、堅実《けんじつ》なものの考え方にしていく。

そうした「勤勉革命」によって、このデフレ下でも成長する社会が生まれてくるというふうに思います。

新福祉《しんふくし》主義というか、福祉国家主義もよく分かるのですが、「リベラル」といわれる人はみんな、そちらのほうに行くので、もう、「弱者の保護、弱者の保護」ばかり言っています。しかし、その言っている連中は〝上流国民〟だから、気をつけないと本当に潰《つぶ》されますから、気をつけたほうがいいと思います。

まずは労働をしなくてはいけない。

二宮尊徳《にのみやそんとく》で言えば、昼間は仕事で忙《いそが》しいから、夜、行灯《あんどん》をつけ、布団《ふとん》をかぶって本を読んでいたら、伯父《おじ》さんに見つかって「油もわしのもんじゃ。おまえは勝手に使うな」と言われたので、読書ができなくなりました。そして、「昼間の時間は働け」と言われる。

だから、荒《あ》れ地を開墾《かいこん》して菜種を植えて、油を採って、それをまた売ってお金に換《か》えて、自分でゼロから価値を生み出しています。

そして、とうとう背中に薪《たきぎ》を背負って、本を読みながら歩いている、小学校によく立っていた二宮尊徳像、あれが「資本主義の精神」なのです。

だから、質素倹約《けんやく》をするところでは質素倹約をしながら、「勤勉の哲学」を失わずに自分の時間密度を高めていく。それから、人間的活動としての付加価値を増やしていく。これが全体の潮流になってくれれば、国としては発展して富んでいくことになるわけです。

世界を豊かにするために直すべきこと、つくるべき体制

「みんなが乞食《こじき》になったら、どうなるか」というと、それは大変です。

例えば、アフガニスタンあたりの映画を観《み》てみても、空からパラシュートがいっぱい落ちてきて、「何かな？」と思ったら、義足なのです。

なぜかといったら、地雷《じらい》で足が吹《ふ》っ飛んだ人がいっぱいいて義足が欲《ほ》しいので、赤十字とかが義足を配っているのですけれども、空からもパラシュートで義足を降《お》ろしている。足がないから、そんなに歩けないわけです。砂漠《さばく》をそんなに移動できないので、義足を降《ふ》らしている。

赤十字は義足を配っているのだけれども、それに対してもまた嘘《うそ》つきがいっぱい

います。

私がイスラム教徒のいちばん直すべきだと思うことは、「嘘つきをやめなさい」ということです。嘘をつくのが当たり前になっているから。「嘘をつけるのは頭がいい」と思っているのです。これは開祖から問題があるとも思っていますけれども、あちらのアラブ系はそうなのです。

嘘に基づいては、商売が健全には発展しません。ビジネスが発展しませんので、やめたほうがいいと思うのですが、うまいことを言って赤十字から義足をもらっては、「これは自分の死んだ母親の義足だ」とか言って、それを売って金に換えるとか、こんなことをやっている。要するに垂れ流しです。国際支援をやっても、横流しをする人がいっぱいいて、そんなので食っている人がいっぱい出てくる。

だから、福祉も、それだけでは本当は価値を生まない場合もあるので、気をつけないといけないというふうに思います。

日本のアフリカへの支援なんかでも、そういうのはいっぱいあり、途中《とちゅう》で横流しされているのはそうとうあると思うので、まずは、やはり、自分たちで仕事を組み立ててやっていけるように、食べていけるように、そちらのほうに指導していかないといけないというふうに思います。

それと、やはり文明の落差は確実にあるので、「この世界の富を集めて分配すれば均一になる」なんていうのは幻想《げんそう》です。

今から見れば何百年も前を生きている人が、いっぱいいるのです。江戸《えど》時代を生きている人もいれば、もっともっと昔の縄文式《じょうもんしき》時代から弥生式《やよいしき》時代ぐらいを生きている人もいて、いろいろな時代を生きているので、文明・文化のレベルがいろいろあるのです。

「音楽は禁止」とか言っていても、歌手はいない。「女性は顔を出すな」となったら、女性のキャスターはいなくなる。顔を出していいと、女性のキャスターは生まれる。「学校に行くな」と言われる場合もある。いろいろな古いものが残っているので、やはり、こういうのを直していかないと世界は豊かにはならないのです。

だから、すべての人が自由意志に基づいて勤勉に働ける体制をつくっていくことです。それのセーフティネットの部分は、当然、考えなければいけないとは思うけれども、全員がお金を撒《ま》いてもらうのを待っているような、そういう愚民《ぐみん》になってては、やはりいけないと思います。

「幻想《げんそう》の経済」ではなく「実需《じつじゅ》の経済」に戻《もど》していくには

昔、田舎《いなか》の町だと、ヘリコプターが飛んだりすると、面白《おもしろ》くて子供たちがついて走っていたのですが、ヘリコプターの上からチラシを撒いていました。

広告・宣伝というのがあまりよく分からなかった時代だと思うのですが、ヘリコプターが飛んだら珍《めずら》しいので、私も含《ふく》めて子供たちが走っていったら、何か紙切れが空から降ってくるので、それを拾ったりしていました。広告方法としては、あれでも安いのかもしれませんが。

だから、国債《こくさい》の債券なんて、あんなものは〝紙切れ〟です。日銀券だって、一万円札といっても二十円ぐらいでできるのです。それを「一万円」で通しているわけです。

そのお金とか国債とかを発行した段階で、何か〝木《こ》の葉《は》を金貨に変えた〟ような効果はもうすでに発生しておりますが、これにさらに上塗《うわぬ》りしていくようなかたちで、「虚栄《きょえい》の経済」「幻想《げんそう》の経済」をつくってはいけないと思います。

できるだけ「実需《じつじゅ》の経済」に戻《もど》していく必要があります。勤勉に働いて、実需の経済をつくっていく。ものづくりをする。あるいは必要なサービスをする。

ただ会社を買って売ったり、株が上がったり下がったりするので利益を抜《ぬ》くとか、こんなことばかりやっている人が増えたら、もう駄目です。あるいは、税理士なんかも、増えて増えて、脱税《だつぜい》指南ばかりしているような人が増えても駄目だし、とにかく、実需のある仕事をして、世の中にやはり付加価値を生むべきだと思います。

中国がミサイルをつくる前にやるべきこと

前回も言ったのですけれども、中国の清華《せいか》大学、習近平の卒業した大学は、今だったら、世界の大学ではベストテンぐらいにたぶん入っているのではないかと思いますけれども、そこに日本人が留学してみたら、学生寮《りょう》のシャワーの穴からイトミミズが出てくるのだそうです（二〇二一年十一月七日「R・A・ゴールの霊言《れいげん》」参照）。

それを聞いたのは、つい最近の話です。その人のお父さんから、「息子《むすこ》が清華大学に行って、生物のバイオ系の勉強をしていた。寮に帰ってシャワーを浴びようと思ったら、イトミミズがいっぱい降ってくる」と聞きました。

これはタンクにいっぱいイトミミズがいるのだろうと思うのですけれども、そういう話を最近聞きました。

「そんなところは、宇宙ステーションを打ち上げたり、地球を周遊して上がったり下がったりするような極超音速《ごくちょうおんそく》ミサイルとかをつくっとらんで、ちゃんとシャワーを直せ」と、やはり言いたくなるのです。

人間に対するサービス精神がないし、尊重がないのです。だから、「必要なものをちゃんとつくれ。表側にだけ大きなビルを建てて、路地の裏はもう目茶苦茶《めちゃくちゃ》だろうが。そこをちゃんと直しなさいよ」ということを言いたい。

「中国の買い物客をいっぱい銀座《ぎんざ》に呼び込《こ》んだら、日本の利益になる」と言っているけれども、中国人がホテルに泊《と》まったら、便器の使い方が分からないから、蓋《ふた》をしたままで上に座り、〝大〟をして帰っていく。「こういうのは、本当にもうやめてくれ」ということです。

中国のトイレがちゃんと水洗になっていないので、使い方が分からない。「ほとんど紙も入っていない」という、そんなところなのです。

だから、中国人が宮古島《みやこじま》にいっぱい来ても、「船からボートに乗って上がってくる前に、草の茂《しげ》みでいっぱいトイレをしている」とか言われているので、地元の人たちは困っていました。

「文明は、まず、そのへんから進化しなければいけないのではないでしょうか。生活系のインフラをキチッとして、外国人を皆殺《みなごろ》しにしようとするような兵器をつくったりするのはもうちょっと先でよろしいのではないでしょうか」ということは、私は言っておきたいのです。

「聖なるもの」「価値のあるもの」に集中せよ

いろいろなことを言いすぎましたので、まとまりませんでしたけれども、言っておきたいことは、「意外に、みんなが考えていることとは反対かもしれませんよ。『減量の経済学』が要《い》るかもしれませんよ。無駄なところの仕事を見直して、減らすものは減らし、そして、付加価値を本当に生む仕事をやったほうがいい。やらなくてよい仕事はするな」「ただコンピュータをいじっていたり、あるいはスマホをいじっていたりして仕事をしているような気になったら、間違《まちが》いですよ」ということです。

「フェイスブック」（現・メタ）という名で呼ばれた会社は「GAFA《ガーファ》」の一角《いっかく》ですけれども、ザッカーバーグが会社の名前を変えてやろうとしているのは、〝仮想空間のなかでの遊び〟です。

アバターゲームのような、自分の分身みたいなものを映像のなかに入れて、いろいろな体験をさせるみたいな〝遊び〟をつくり、これで人の時間を奪おうとして、金儲《かねもう》けをしようとしてやっています。

しかし、実際、この世で生きていくこと自体がアバターなのです。あの世の霊界《れいかい》で実際に生活している人たちが肉体に宿って、これを実体験しているので、ここでちゃんと修行《しゅぎょう》してほしいのですが、その人たちがまた、こんなゲームのなかに自分の分身を入れ、そこでいろいろなことをやらせるみたいなもので一日に何時間も使っていると、本当に人生は無駄です。

だから、無駄なことに時間を使わないでほしいと思います。そんなことだったら、無駄なものを削って、ちゃんと内容のある書物でも読んでいるほうがよほどましだと思うのです。

それから、当会の信者、会員のみなさまにも、ちょっと営業めいて聞こえたら申し訳ないけれども、うちの職員たちは口が下手《へた》なので言えないらしいから、私のほうから言います。

要するに、つまらないものにお金を使わないで、幸福の科学の本とかＣＤとかＤＶＤとか、あるいは行事に出たりとか、そういうものにお金を使ってください。それは、本当にあなたがたの役に立つことになると思います。

つまらないことに本当にお金をいっぱい使っていると思うので、そちらはやめてください。そちらはちょっとやめていただきたいのです。

当会は音楽のＣＤも出しています。売れている枚数を見ると、何万枚も売れているものもありますけれども、職員の数ぐらいしか売れていないものもけっこう多いのです。どうせコピーしているのでしょう。それは私のほうも分かっているのだけれども、こういうものは「聖なるもの」で、教団の活動資金になるようなものは、「奉納《ほうのう》だ」と思って、ちゃんと買ってください。

ＤＶＤだって、初期の説法集《せっぽうしゅう》を全部頒布《はんぷ》しているのですから、「お金が貯《た》まったら、こういうものを買おう」とかいう志《こころざし》を立ててください。こちらで節約をしては駄目です。本当に意味のないほうを節約してください。

ラブホテルなんかで遊んでいる金を節約してください。もう、本当にくだらないから。そんな所で遊んでいて、子供ができてしまったら、本当に大変です。そのあと、貧困《ひんこん》家庭をつくって、離婚《りこん》になったり、結婚しないままになったりします。

そんなことで葛藤《かっとう》をいっぱいつくって、生霊《いきりょう》をいっぱいつくり、そして、悪霊《あくれい》でモワモワになり、そしてまた、それを折伏《しゃくぶく》しなくてはいけない仕事が出てきたりするので。とにかく、無駄なものはなるべく省いて、価値のあるもののほうに、できるだけ集中してください。

そういうふうにお願いしておきたいと思います。

ありがとうございました。

あとがき

とにもかくにも、「徳のある政治」と「勤勉の精神」を取り戻すことである。この二つが、中国を中心とする「悪魔の侵略資本主義」へのワクチンとなるだろう。

約五千万人のウィルス感染者と、約八十万人の死者を出しながら、世界最強国が攻撃されているのに気づかぬ、バイデン・ピンボケ大統領。

「ハバナ症候群」で世界の米国大使館が、音波攻撃されて、大使館関係者が健康被害を出しても、バカをさらしている米国。「協調」をうたって大統領になって、世界を再び冷戦時代の「分断《ぶんだん》」へと導く、米民主党・大統領・副大統領。

日本にはヒトラーの政策をひっさげて当選した首相。どうせファシズム化するなら、まず、竹島《たけしま》と尖閣《せんかく》を取り戻して、香港と台湾にエールを送ってはいかがなものか。

二〇二一年　十一月三十日

幸福《こうふく》の科学《かがく》グループ創始者兼総裁《そうししゃけんそうさい》　大川隆法《おおかわりゅうほう》

『減量の経済学』関連書籍

『資本主義の未来』（大川隆法 著　幸福の科学出版刊）
『コロナ不況にどう立ち向かうか』（同右）
『人の温もりの経済学』（同右）
『ヤイドロンの霊言「世界の崩壊をくい止めるには」』（同右）
『天御祖神の降臨』（同右）
『大恐慌時代を生き抜く知恵――松下幸之助の霊言――』（同右）
『天御祖神文明の真実――行基菩薩、洞庭湖娘娘、堯・舜・禹の霊言――』（同右）

減量《げんりょう》の経済学《けいざいがく》—やらなくてよい仕事はするな—

2021年12月17日　初版第１刷
2022年２月４日　　　第３刷

著　者　　大《おお》川《かわ》隆《りゅう》法《ほう》

発行所　　幸福の科学出版株式会社
〒107-0052 東京都港区赤坂２丁目10番８号
TEL(03)5573-7700
https://www.irhpress.co.jp/

印刷・製本　株式会社 研文社

落丁・乱丁本はおとりかえいたします
©Ryuho Okawa 2021. Printed in Japan. 検印省略
ISBN978-4-8233-0314-2 C0030
装丁・イラスト・写真©幸福の科学

大川隆法ベストセラーズ・政治経済の未来を考える

資本主義の未来

来たるべき時代の「新しい経済学」

なぜ、いくら金利を下げても日本経済は成長しないのか？　マルクス経済学も近代経済学も通用しなくなった今、「未来型資本主義」の原理を提唱する！

2,200円

コロナ不況にどう立ち向かうか

コロナ・パンデミックはまだ終わらない──。東京五輪断行が招く二つの危機とは？ 政府や自治体に頼らず、経済不況下を強靱に生き抜く「智慧」がここに。

1,650円

人の温《ぬく》もりの経済学

アフターコロナのあるべき姿

世界の「自由」を護り、「経済」を再稼働させるために──。コロナ禍で蔓延する全体主義の危険性に警鐘を鳴らし、「知恵のある自助論」の必要性を説く。

1,650円

コロナ不況下のサバイバル術

恐怖ばかりを煽《あお》るメディア報道の危険性や問題点、今後の経済の見通し、心身両面から免疫力を高める方法など、コロナ危機を生き延びる武器となる一冊。

1,650円

※表示価格は税込10%です。

大川隆法霊言シリーズ・経済危機を突破するヒント

大恐慌時代を生き抜く知恵

松下幸之助の霊言

政府に頼らず、自分の力でサバイバルせよ! 幾多の試練をくぐり抜けた経営の神様が、コロナ不況からあなたを護り、会社を護るための知恵を語る。

1,650円

P.F.ドラッカー「未来社会の指針を語る」

時代が要請する「危機のリーダー」とは? 世界恐慌も経験した「マネジメントの父」ドラッカーが語る、「日本再浮上への提言」と「世界を救う処方箋」。

1,650円

稲盛和夫守護霊が語る仏法と経営の厳しさについて

実戦で鍛えられた経営哲学と、信仰で培われた仏教精神。日本再建のカギとは何か——。今、大物実業家が、日本企業の未来にアドバイス!

1,540円

危機突破の社長学

一倉定の「厳しさの経営学」入門

経営の成功とは、鍛え抜かれた厳しさの中にある。生前、5000社を超える企業を立て直した、名経営コンサルタントの社長指南の真髄がここに。

1,650円

大川隆法ベストセラーズ・経営論シリーズ

富の創造法

激動時代を勝ち抜く
経営の王道

豪華装丁
函入り

低成長期が 30 年近く続き、増税による消費不況が予想される今、企業は「正攻法」に立ち返るべきだ。日本を再度、勝ち組に戻すために編まれた経営書。

11,000円

経営と人望力

成功しつづける
経営者の資質とは何か

豪華装丁
函入り

年代別の起業成功法、黒字体質をつくるマインドと徳、リーダーの条件としての「人望力」など、実務と精神論の両面から「経営の王道」を伝授。

11,000円

経営戦略の転換点

危機を乗りこえる経営者の心得

豪華装丁
函入り

経営者は、何を「選び」、何を「捨て」、そして何を「見抜く」べきか。"超"乱気流時代を生き抜く経営マインドと戦略ビジョンを示した一冊。

11,000円

※表示価格は税込10%です。

大川隆法ベストセラーズ・日本のあるべき姿

現代の武士道

洋の東西を問わず、古代から連綿と続く武士道精神──。その源流を明かし、強く、潔く人生を生き切るための「真剣勝負」「一日一生」「誠」の心を語る。

1,760円

天《あめの》御《み》祖《おや》神《がみ》の降臨

古代文献『ホツマツタヱ』に記された創造神

3万年前、日本には文明が存在していた──。日本民族の祖《おや》が明かす、歴史の定説を超越するこの国のルーツと神道の秘密、そして宇宙との関係。秘史を記す一書。

1,760円

公開霊言
聖徳太子、推古天皇が語る古代日本の真実

日本の礎を築いた立役者が語る「古代日本の真相」と驚くべき「魂の秘密」──。左翼史観、自虐史観を完全に崩壊させ、日本の誇りを取り戻す「勇気の書」。

1,540円

武内《たけのうちの》宿《すく》禰《ね》の霊言

日本超古代文明の「神・信仰・国家」とは

超古代に存在した「天御祖神文明」は世界に影響を与えていた！ 歴史から失われた「富士王朝」の真相を明かし、「日本文明三万年説」を提言する衝撃の書。

1,540円

幸福の科学出版

大川隆法シリーズ・最新刊

映画「愛国女子
—紅武士道」原作集

司馬遼太郎、吉田松陰の霊言

天《あめの》御《み》祖神《おやがみ》の「真の武士道精神」を甦らせ、救国の勇者よ、立ち上がれ！ 日本が国家存続の危機にある今、国民の愛国心を目覚めさせる映画原作ストーリー。

1,540円

天《あめの》御《み》祖《おや》神《がみ》文明の真実

**行《ぎょう》基《き》菩薩、洞庭《どうてい》湖《こ》娘娘《ニャンニャン》、
尭《ぎょう》・舜《しゅん》・禹《う》の霊言**

日本文明3万年説に新証言！ かつて富士王朝を開いた日本文明の祖《おや》「天御祖神」の実在、古代中国の伝説的君主の魂のルーツなど、驚くべき真実が明らかに。

1,540円

大川隆法　初期重要講演集
ベストセレクション⑥

悟りに到る道

全人類救済のために──。「悟りの時代」の到来を告げ、イエス・キリストや仏陀・釈尊を超える「救世の法」が説かれた、初期講演集シリーズ第６巻！

1,980円

どじょうの王様／
子鹿の歌

『詩集 私のパンセ』から、人生の真実を面白く伝える「どじょうの王様」と、冷たい心を解きほぐし、大きな幸せを引き寄せる「子鹿の歌」の詩篇を絵本化。

各1,100円

※表示価格は税込10%です。

大川隆法「法シリーズ」・最新刊

法シリーズ
第28巻

メシアの法

「愛」に始まり「愛」に終わる

詳細は
コチラ

「この世界の始まりから終わりまで、あなた方と共にいる存在、それがエル・カンターレ」――。現代のメシアが示す、本当の「善悪の価値観」と「真実の愛」。

2,200円

第１章　エローヒムの本心
――善悪を分かつ地球神の教え

第２章　今、メシアが語るべきこと、なすべきこと
――人類史の転換点にある地球への指針

第３章　メシアの教え
――「神の言葉」による価値観を変える戦い

第４章　地球の心
――人類に霊的覚醒をもたらす「シャンバラ」

第５章　メシアの愛
――魂の修行場「地球」における愛のあり方

幸福の科学の中心的な教え――「法シリーズ」

大川隆法著作 31年連続ベストセラー　　好評発売中！

幸福の科学出版

幸福の科学グループのご案内

宗教、教育、政治、出版などの活動を通じて、地球的ユートピアの実現を目指しています。

幸福の科学

一九八六年に立宗。信仰の対象は、地球系霊団の最高大霊、主エル・カンターレ。世界百六十カ国以上の国々に信者を持ち、全人類救済という尊い使命のもと、信者は、「愛」と「悟り」と「ユートピア建設」の教えの実践、伝道に励んでいます。

（二〇二二年一月現在）

愛

幸福の科学の「愛」とは、与える愛です。これは、仏教の慈悲《じひ》や布施《ふせ》の精神と同じことです。信者は、仏法真理をお伝えすることを通して、多くの方に幸福な人生を送っていただくための活動に励んでいます。

悟り

「悟り」とは、自らが仏の子であることを知るということです。教学《きょうがく》や精神統一によって心を磨き、智慧《ちえ》を得て悩みを解決すると共に、天使・菩薩《ぼさつ》の境地を目指し、より多くの人を救える力を身につけていきます。

ユートピア建設

私たち人間は、地上に理想世界を建設するという尊い使命を持って生まれてきています。社会の悪を押しとどめ、善を推し進めるために、信者はさまざまな活動に積極的に参加しています。

国内外の世界で貧困や災害、心の病で苦しんでいる人々に対しては、現地メンバーや支援団体と連携して、物心両面にわたり、あらゆる手段で手を差し伸べています。

年間約２万人の自殺者を減らすため、全国各地で街頭キャンペーンを展開しています。

公式サイト **www.withyou-hs.net**

自殺防止相談窓口

受付時間　火～土:10～18時（祝日を含む）

TEL **03-5573-7707** メール **withyou-hs@happy-science.org**

ヘレン・ケラーを理想として活動する、ハンディキャップを持つ方とボランティアの会です。視聴覚障害者、肢体不自由な方々に仏法真理を学んでいただくための、さまざまなサポートをしています。

公式サイト **www.helen-hs.net**

入会のご案内

幸福の科学では、大川隆法総裁が説く仏法真理《ぶっぽうしんり》をもとに、「どうすれば幸福になれるのか、また、他の人を幸福にできるのか」を学び、実践しています。

入会

仏法真理を学んでみたい方へ

大川隆法総裁の教えを信じ、学ぼうとする方なら、どなたでも入会できます。入会された方には、『入会版「正心法語《しょうしんほうご》」』が授与されます。

ネット入会 入会ご希望の方はネットからも入会できます。
happy-science.jp/joinus

三帰《さんき》誓願《せいがん》

信仰をさらに深めたい方へ

仏弟子としてさらに信仰を深めたい方は、仏《ぶっ》・法《ぽう》・僧《そう》の三宝《さんぽう》への帰依を誓う「三帰誓願式」を受けることができます。三帰誓願者には、『仏説・正心法語』『祈願文《きがんもん》①』『祈願文②』『エル・カンターレへの祈り』が授与されます。

幸福の科学 サービスセンター
TEL 03-5793-1727
（受付時間／火～金:10～20時　土・日祝:10～18時（月曜を除く））

幸福の科学 公式サイト
happy-science.jp

幸福の科学グループ **教育事業**

ハッピー・サイエンス・ユニバーシティ

Happy Science University

ハッピー・サイエンス・ユニバーシティとは

ハッピー・サイエンス・ユニバーシティ（HSU）は、大川隆法総裁が設立された「現代の松下村塾」であり、「日本発の本格私学」です。
建学の精神として「幸福の探究と新文明の創造」を掲げ、チャレンジ精神にあふれ、新時代を切り拓く人材の輩出を目指します。

人間幸福学部　経営成功学部　未来産業学部

HSU長生キャンパス TEL **0475-32-7770**
〒299-4325　千葉県長生郡長生村一松丙 4427-1

未来創造学部

HSU未来創造・東京キャンパス
TEL **03-3699-7707**
〒136-0076　東京都江東区南砂2-6-5　公式サイト **happy-science.university**

学校法人 幸福の科学学園

学校法人 幸福の科学学園は、幸福の科学の教育理念のもとにつくられた教育機関です。人間にとって最も大切な宗教教育の導入を通じて精神性を高めながら、ユートピア建設に貢献する人材輩出を目指しています。

幸福の科学学園
中学校・高等学校（那須本校）
2010年4月開校・栃木県那須郡（男女共学・全寮制）
TEL **0287-75-7777** 公式サイト **happy-science.ac.jp**

関西中学校・高等学校（関西校）
2013年4月開校・滋賀県大津市（男女共学・寮及び通学）
TEL **077-573-7774** 公式サイト **kansai.happy-science.ac.jp**

仏法真理塾「サクセスNo.1」

全国に本校・拠点・支部校を展開する、幸福の科学による信仰教育の機関です。小学生・中学生・高校生を対象に、信仰教育・徳育にウエイトを置きつつ、将来、社会人として活躍するための学力養成にも力を注いでいます。

TEL 03-5750-0751（東京本校）

エンゼルプランV

東京本校を中心に、全国に支部教室を展開。信仰をもとに幼児の心を豊かに育む情操教育を行い、子どもの個性を伸ばして天使に育てます。

TEL 03-5750-0757（東京本校）

エンゼル精舎

乳幼児が対象の、託児型の宗教教育施設。エル・カンターレ信仰をもとに、「皆、光の子だと信じられる子」を育みます。
（※参拝施設ではありません）

不登校児支援スクール「ネバー・マインド」

TEL 03-5750-1741

心の面からのアプローチを重視して、不登校の子供たちを支援しています。

ユー・アー・エンゼル！（あなたは天使！）運動

障害児の不安や悩みに取り組み、ご両親を励まし、勇気づける、障害児支援のボランティア運動を展開しています。

一般社団法人 ユー・アー・エンゼル
TEL 03-6426-7797

NPO活動支援

学校からのいじめ追放を目指し、さまざまな社会提言をしています。また、各地でのシンポジウムや学校への啓発ポスター掲示等に取り組む一般財団法人「いじめから子供を守ろうネットワーク」を支援しています。

いじめから子供を守ろうネットワーク

公式サイト mamoro.org　ブログ blog.mamoro.org
相談窓口 TEL.03-5544-8989

幸福の科学

百歳まで生きる会～いくつになっても生涯現役～

「百歳まで生きる会」は、生涯現役人生を掲げ、友達づくり、生きがいづくりを通じ、一人ひとりの幸福と、世界のユートピア化のために、全国各地で友達の輪を広げ、地域や社会に幸福を広げていく活動を続けているシニア層（55歳以上）の集まりです。

【サービスセンター】TEL 03-5793-1727

シニア・プラン21

「生涯現役人生」を目指すための「百歳まで生きる会」の養成部門として、活動しています。心を見つめ、新しき人生の再出発、社会貢献を目指しています。

【サービスセンター】TEL 03-5793-1727

幸福実現党

幸福実現党 釈量子サイト
shaku-ryoko.net
Twitter **釈量子@shakuryokoで検索**

内憂外患《ないゆうがいかん》の国難に立ち向かうべく、2009年5月に幸福実現党を立党しました。創立者である大川隆法党総裁の精神的指導のもと、宗教だけでは解決できない問題に取り組み、幸福を具体化するための力になっています。

幸福実現党 党員募集中

あなたも幸福を実現する政治に参画しませんか。

＊申込書は、下記、幸福実現党公式サイトでダウンロードできます。
住所：〒107-0052　東京都港区赤坂2-10-8 6階 幸福実現党本部
TEL **03-6441-0754**　FAX **03-6441-0764**
公式サイト **hr-party.jp**

HS政経塾

大川隆法総裁によって創設された、「未来の日本を背負う、政界・財界で活躍するエリート養成のための社会人教育機関」です。既成の学問を超えた仏法真理を学ぶ「人生の大学院」として、理想国家建設に貢献する人材を輩出するために、2010年に開塾しました。現在、多数の市議会議員が全国各地で活躍しています。

TEL **03-6277-6029**
公式サイト **hs-seikei.happy-science.jp**